과학적 오류가 가득한 진화론자들의 말

진화론에는 진화가 없다

교과서진화론개정추진회 지음
주집필 김재욱
감수 교진추 학술위원장 임번삼

생명의말씀사

**진화론에는
진화가 없다**

ⓒ 생명의말씀사 2012

2012년 7월 20일 1판 1쇄 발행
2012년 9월 15일   2쇄 발행

펴낸이 | 김창영
펴낸곳 | 생명의말씀사

등록 | 1962. 1. 10. No.300-1962-1
주소 | 서울 종로구 송월동 32-43(110-101)
전화 | 02)738-6555(본사) · 02)3159-7979(영업)
팩스 | 02)739-3824(본사) · 080-022-8585(영업)

지은이 | 교과서진화론개정추진회

기획편집 | 유선영, 서지연, 김현정
디자인 | 조현진
인쇄 | 영진문원
제본 | 정문바인텍

ISBN 978-89-04-12151-9 (03230)

저작권자의 허락없이 이 책의 일부 또는 전체를
무단 복제, 전재, 발췌하면 저작권법에 의해 처벌을 받습니다.

과학적 오류가 가득한 진화론자들의 말
진화론에는 진화가 없다

목차 I

서문 06
머리말 & 일러두기 08
추천사 10

1. **아돌프 히틀러** 비뚤어진 지도력의 전범 12
   "이 영원한 투쟁의 세계에서 싸우기를 원치 않는 자는 살 가치가 없다."

   소설가 헤르만 헤세의 진화론적 믿음과 종교 28
   "소설 「데미안」은 청년의 교과서가 될 자격이 있는가?"

2. **리처드 도킨스** 현대 다윈진화론의 저격수 34
   "생물의 설계된 듯한 복잡성은 강력한 환상이다."

3. **칼 세이건** 외계 생명을 추적한 천체물리학자 44
   "지구는 우주라는 거대 경기장의 매우 작은 무대이다."

4. **토머스 헉슬리** 다윈의 불도그로 불린 생물학자 60
   "바보! 이런 것을 왜 진작 생각 못 했을까?"

   세계단일정부를 꿈꿨던 줄리언 헉슬리의 세계관 68
   "진화론적 인본주의자, 그 조부에 그 손자?"

5. **스티븐 굴드** 점진적 진화론을 부정한 진화학자 76
   "명화를 남긴 구석기인들은 우리 같은 호모 사피엔스다."

6. **아이작 아시모프** 가장 많은 독자층을 거느린 SF 작가 90
"우주를 과학의 관점으로 바라보는 것이 내 종교이다."

셜록 홈즈의 작가 코난 도일의 진화론 102
"진화의 중간 고리, 잃어버린 세계를 찾아라."

7. **존 듀이** 미국 실용주의를 집대성한 교육 철학자 106
"우주의 (진화) 과정이 인간의 의식 속으로 내재되었다."

8. **제임스 왓슨** DNA 나선 구조를 발견한 분자생물학자 120
"흑인은 백인에 비해 지능이 떨어진다."

천재 과학자 니콜라 테슬라의 진화론적 관점 132
"인간은 살점이 붙은 자동 기계이다."

9. **조지 월드** 노벨 의학상을 수상한 하버드대학교 교수 140
"나는 과학적으로 불가능한 것을 믿기 원한다."

철학적 이유로 진화론을 선택한 사람들 148
"내가 진화론을 선택할 수밖에 없는 이유"

서문 I

20세기 진화론자들의 생생한 어록

현대를 살아가는 우리들에게는 보호해야 할 가치관이 있는가 하면 경계하며 대항해야 할 가치관도 있다. 그중 생명의 신비성에 바탕을 둔 인간의 존엄성은 정의나 자유, 진리와 함께 우리가 보호하고 지켜야 할 가치관이다. 그러므로 그것을 훼손하려는 세력을 경계하며 대항해야 할 것이다. 그 세력 중 가장 광범위하게 영향력을 행사하는 것이 진화론이라고 생각한다. 진화론은 실험적으로 증명되지 않은 과학의 탈을 쓴 비과학이요, 추리와 상상에 근거한 범신론적이며 유물론적인 신념이자 강력한 신앙인 것이다.

이러한 진화론의 실상과 허상을 많은 사람들이 알아야 함은 물론, 비판하며 경계해야 함에도 불구하고 학생들의 교과서를 통하여 제도권 교육 깊숙이 침투해 있는 것이 현 실정이다. 이로 말미암아 정치, 경제, 사회, 교육, 문화 등 사회 전반에 걸쳐 물질주의, 쾌락주의, 인본주의 등 심각한 사회 병리현상이 조장되고 있다.

아마 세상에 등장했던 어떤 철학이나 사상도 진화론만큼 인류 사회에 해악을 끼친 것은 없었을 것이다. 진화 사상에 근거하여 백인 위주로 인종을 개량해야 한다는 우생학, 백인의 혼혈을 막기 위한 유색인종에 대한 이민제한법, 유전 질환자와 불구자의 출산을 막으려는 단종법 등이 제정되었으며, 이에 심취한 나치 정권은 200만 명을 단종 처리했고, 600만 명의 유대인을 학살했다. 나치와 히틀러를 있게 한 사상 중 가장 중요한 근간을 이루는 것이 바로 진화론이다.

진화론자이며 실용주의 교육자인 존 듀이와 줄리언 헉슬리가 각각 주도한 인본주의 선언과 유네스코 헌장에 나타난 세계단일정부 사상 또한 그 근간이 진화론이다. 생존경쟁과 자연도태를 도구로 하는 진화론은 인간을 우연의 결과물로 전락시키고, 약육강식을 정당화시키며, 오만과 폭력에 면죄부를 주는 하나의 생존 형태에 불과하다.

오늘도 뛰어난 과학적 이야기꾼이라 할 수 있는 리처드 도킨스 같은 인물은 이런 비인격적 가설인 진화론이 인간의 존귀함을 짓밟고 수많은 비극을 초래하고 있음을 사람들이 깨닫는 것조차 막고 있다. 생물의 역사는 추상화처럼 묘사될 수 있을지 몰라도 그 과정을 설명하려는 진화론이 과학으로 인정받으려면 논리적인 증거와 과정을 제시해야 할 것이다. 그러지 못한다면 진화론은 하나의 해석체계에 불과하며 믿음이라는 과정을 배제하고는 존립하지 못하는 학문이 되고 말 것이다.

이러한 측면에서 진화론은 더 이상 인류에 건전한 영향을 끼치지 못하고 있음을 세계적으로 유명한, 20세기를 중심으로 한 진화론자들의 생생한 어록인 본서를 통하여 독자들은 확인할 수 있을 것이다.

교과서진화론개정추진회
회장 이광원

머리말 & 일러두기 I

본서는 과학의 자리에 서 있는 진화론이 왜 과학이 아닌지 밝히기 위해 집필되었다. 아무리 정당한 주장도 지적 설계론이나 창조론으로 말하면 사람들은 들으려고 하지 않는다. 그래서 이번에 교진주 출판부에서는 이름만 들으면 알만한 진화론자들의 명백한 발언을 통해 그 모순을 드러내고자 했다.

이 책에는 200여 개의 인용구가 들어 있다. 모두가 출처가 있는 진화론자들의 영향력 있는 발언이다. 그들은 진화론을 주장하는 자체가 모순임을 솔직히 고백하기도 했고, 그래도 진화론을 선택할 수밖에 없는 이유를 설명하기도 했다. 그들이 이런 모순을 고백하거나 자조적인 말들을 남겼다 해서 진화론에 한계를 느껴 반대편에 귀의하거나 항복의 깃발을 든 것은 물론 아니다. 그들은 설명하고 변명하는 과정에서 모순을 드러낸 것이다. 한편 진화론적 확신과 이론적 주장에도 모순이 있으므로 그런 인용문들도 해설을 통해 잘못된 것임을 함께 밝혀냈다.

이 책을 통해 진화론자들의 일관성이 결여된 모습은 물론, 진화의 증거는 없다는 사실, 논리를 위한 논리를 세워가는 과정, 그리고 얼마나 다양한 문화 속에서의 강력한 영향력, 그럼에도 불구하고 진화론의 피해자들마저 이것을 과학으로 신봉하고 있는 현실 등을 알 수 있을 것이다.

본서는 아홉 명의 굵직한 진화론 과학자들을 중심으로 쓰여졌고, 다섯 명의 문화 예술계 인물들을 추가로 끼워 넣었다. 독자들은 이처럼 유명한 인물들이 이토록 모순된 말을 했다는 사실에 놀라게 될 것이다. 모든 인용문은 원서의 정확한 출처를 명기했고, 원서의 출처를 찾지 못한 일부 인용구는 번역서의 출처와 함께 원서의 제목을 밝혔다. 다양한 참고도서와 자료를 찾아 최대한 알차고 정확하게 내용을 채웠으며 많은 인용문을 한 데 모았으므로 진화론 반박 자료로써의 가치도 충분할 것이다.

교과서진화론개정추진회는 지속적인 청원 활동을 통해 시조새와 말의 화석 계열 문제 등에 대한 과학적 반론으로, 2012년 상반기까지 이들 내용이 교과서에서 대폭 수정 또는 삭제 결정되는 작은 결실들을 거두어 왔다. 이 작은 일에 얼마나 많은 세월과 노력이 필요했는지 모른다. 그만큼 교과서는 막연한 공신력을 바탕으로 많은 학생들과 그들의 현재와 미래에 큰 영향을 미친다.

정확한 출처가 있는 인용문을 찾기 위해 온라인을 누비는 것은 물론, 틈만 나면 발품을 팔았다. 책을 구하고 출처를 찾는 일에 도움을 준 분들에게 감사를 드리고 싶다. 흔치 않은 책들을 찾으러 다니느라 헤맸던 정독, 종로도서관을 비롯한 여러 지역 도서관의 골목들을 잊을 수 없을 것이다.

진화와 창조 논란은 지금까지 그랬던 것처럼 영원히 끝나지 않을 싸움이다. 이런 상황에서 진화론을 참된 과학으로 오해하고 있는 이들을 설득하는 일에 이 책이 사용되기를 바란다. 부디 독자들께서 주변인들에게 일독을 권해주기를 바라는 마음이다.

교과서진화론개정추진회 출판부
주집필자 김재욱

추천사 l

삶의 가치관을 돌아보게 하는 필독의 안내서

현대사회는 가치관이 전도된 시대이다. 비진리가 진리로, 불의가 정의로 행세하는 세상이다. 그러다 보니 사회가 깊은 병이 들어 있다. 요즈음 사회적 문제로 부상한 '왕따' 현상을 비롯하여, 눈만 뜨면 들리는 암울하고도 충격적인 사건들은 병든 사회가 표출하는 증상들일 뿐이다. 왜 소득수준이 향상되고 문화가 발전되어 살기가 더 편해지고 있는데 이러한 사회병리 현상이 심화되고 있는 것일까?

거기에는 많은 요인들이 있겠지만, 우리의 가치관에 결정적인 영향을 주고 있는 진화론의 폐해를 간과해선 안 된다고 생각한다. 진화론은 만물이 우연히 생겨 진화한다는 자연주의적 사고이다. 우주 창조의 주역은 '우연'과 '시간'이라는 것이다. 과학에 근거하지 않은 무신론적 주장이며, 만물이 물질에서 유래했다고 믿는 유물론이다. 이러한 유물론이 사회과학의 형태로 나타난 것이 마르크시즘이며, 자연과학 형태로 나타난 것이 진화론이다. 따라서 창조 대 진화 논쟁은 유신론 대 무신론 논쟁이기도 하다. 어느 견해를 따르는가에 의해 인생관이 결정되기 때문에 정신적, 영적 문제이기도 하다.

진화론은 자연과학으로 포장된 비과학이며, 실험으로 증명될 수 없는 영원한 가설일 뿐이다. 이처럼 기원과학 분야의 한 해석체계에 불과한 진화론을 실험성과 재현성을 기본으로 하는 '과학'의 이름으로 중고등 교육에서 강요적으로 가르치는 것은 헌법에 명시된 양심의 자유를 침해하는 행위라 할 수 있다. 사춘기의 청소년들이 이러한 유물사상으로 정부의 공식기관인 교과부에 의해 강제적인 수업을 받는 현실은 처참하다 못해 절망감마저 느끼게 한다.

이러한 진화론의 허구를 명쾌하게 밝힌 본서의 출간은 그러한 의미에서 여간 기쁜 일이 아니다. 집필자가 자연과학 계열의 고전과 최신 저서들을 통해 진화론의 실상들을 파헤친 것에 대해 감탄을 금할 수 없다. 특히 진화론이 추구하는 미래세계가 '소수 엘리트(진화론자들)가 지배하는 사회주의 건설'이라는 사실을 드러낸 내용은 분단시대를 사는 우리에게 시사하는 바가 크다.

본서는 단순한 출판물이 아니다. 삶의 가치관을 되돌아보게 하는 일종의 안내서이다. 교육과정에 있는 학생들은 물론, 모든 이들이 본서를 통하여 역사에 엄청난 해악을 끼치고 있는 진화론의 실체를 바르게 이해하는 계기가 되기를 간절히 바란다.

교과서진화론개정추진회
학술위원장 임번삼 박사

1
아돌프 히틀러 *Adolf Hitler*
비뚤어진 지도력의 전범

"이 영원한 투쟁의 세계에서
싸우기를 원치 않는 자는 살 가치가 없다."

"Mein Kampf" - Adolf Hitler

인종에 대한 편견으로 학살을 자행한 독재자

뛰어난 웅변가인 아돌프 히틀러(1889~1945)는 민족사회주의 독일 노동자당의 지도자이자 나치 독일의 총통이었으며, 제2차 세계 대전을 일으켰다. 인종주의자였던 그는 아리아 인의 혈통을 계승한 자신들만이 우월한 인종이라며 순수 혈통 계승을 주장했다. 그에 따른 유대인 말살정책으로 엄청난 수의 유대인들이 아우슈비츠와 같은 강제수용소에서 학살 당했다. 이 무렵 아이러니하게도 노벨 평화상 후보에 히틀러의 이름이 올랐다(1939). 이후 독일은 스탈린그라드와 북아프리카 전선에서 패배하였고, 히틀러는 1945년 4월 30일 베를린의 총통관저 지하 벙커에서 권총 자살한 것으로 알려져 있다. 자신의 정치 노선을 관철시키기 위한 저서 『나의 투쟁(Mein Kampf)』에는 그의 정치와 세상을 보는 철학이 담겨 있는데, 진화론적 관점의 인종관이 곳곳에서 드러난다.

❝ 우수한 혈족을 보존하고 열등한 종족을 말살하면
위대한 세상이 건설된다?
인간을 구분하는 진화론적 인종 개념은
편견인가, 과학인가? ❞

진화론을 신봉한 히틀러의 오해

히틀러. 너무나 악명 높은 그의 이름은 어느 지도자도 다시는 닮아서는 안 될 사악함의 모델로 극소수 백인 우월주의자를 제외한 모두가 인정하고 있다. 그러나 그도 그의 시대에 자신의 민족으로부터 열광적인 지지를 받았으며, 심지어 노벨 평화상 후보에까지 올랐던 인물이다. 어떻게 이런 일이 가능했으며, 그 바탕에는 어떤 철학이 담겨 있는 것일까?

히틀러는 진화론을 수용하는 것을 넘어 거의 신봉한 사람이었다. 그를 괴물로 만든 것은 열등감과 잘못된 정치철학이기도 했지만, 결정적으로 우열 인종을 구분하는 진화론의 영향이었다는 증거들이 매우 많다.

히틀러 본인도 인정했다는 수준 낮은 자서전 『나의 투쟁』. 히틀러는 이 책의 11장 '민족과 인종' 부분 서두에서 이렇게 말한다.

동물은 어느 것이나 동류끼리만 짝을 이루어 산다. 참새는 참새와, 수컷 황새는 암컷 황새와, 들쥐는 들쥐와, 생쥐는 생쥐와, 수늑대는 암늑대와 한 쌍이 된다. 이 현상은 특별한 경우에는 변경될 수도 있는데, 붙들려서 강제당하는 경우나 같은 종 내부에서의 결합이 불가능한 경우이다. 그러나 그 경우에는 자연이 모든 가능한 수단을 사용해서 그에 저항하기 시작하는데, 가장 명백한 자연의 항의는 잡종에 대해서 그 뒤의 생식 능력을 거부하거나 혹은 그 뒤의 수태 능력을 제한하는 것이다. 그러나 거의 모든 경우에 자연은 질병이나 적의 공격에 대한 저항력을 빼앗아버리는 데 그것은 지극히 자연스러운 것이다.

- Adolf Hitler, "Mein Kampf" 『나의 투쟁』, 홍신문화사. (2006) p.167

한 종이 다른 종이 될 수 없는 현상에 대해 그도 잘 알고 있었던 것 같다. 그런데 히틀러가 종의 개념 자체를 명확히 이해하지 못한 상태에서 모든 이야기를 풀어가고 있음을 먼저 알 필요가 있다.

인간은 종이 하나뿐이다. 백인종과 흑인종은 피부색의 차이에서 구분 지어 불리는 것이고, 사실 생물학적으로는 같은 종이다. 그래서 어떤 인종이라도 혈액형만 맞으면 수혈이 가능하다. 반면에 유인원이나 원숭이의 피를 수혈하면 사람은 죽게 되는데, 만일 사람이 유인원에서부터 진화되었다면 피가 언제부터 구분되었는지 아무도 모를 일이다.

위 글에서 히틀러는 동물의 종이 섞이지 않는 것이 순리이자 자연선택의 힘이라고 말하면서도, 인간의 우수한 인종이 열등한 다른 인종과 섞이는 것은 (자연이 제한하지 않는 종 안의 결합인데도) 진화의 법칙이라 믿고 있는 자연의 순리를 거스르는 것이라고 주장한다.

▶ 히틀러의 자서전 『나의 투쟁』

양쪽이 아주 똑같지는 않은 두 생물이 교배하면 언제나 양자 중간 정도의 것이 탄생하며, 그 혼혈 종은 열등한 쪽 어버이보다는 우수하나 우수한 쪽 어버이보다는 열등하다. 따라서 이러한 결합으로 인해 그것은 머지않아 보다 우수한 쪽과의 투쟁에서 패배할 것이다. 그러나 이와 같은 결합은 생명 그 자체를 보다 고도의 것으로 진화시켜 가려고 하는 자연의 의지에 반한다.

이 의지가 실행되기 위한 전제는 보다 우수한 것과 열등한 것의 결합 속에서가 아닌 전자의 철저한 승리 속에 있다. 보다 강한 것은 지배해야 하며, 더 약한 것과 결합함으로써 우수함을 상실해서는 안 된다. 다만 선천적으로 약한 것만이 이런 것을 잔인하다고 느낄 뿐이다. 그러나 이 법칙이 지배하지 않는다면, 모든 유기적 생물에 가능하다고 생각되는 진화는 전혀 불가능하게 될 것이 틀림없다.

- 같은 책 p.167

이 글을 통해 보면 그는 인간조차도 철저히 생물의 한 형태로 여기는데, 천적에 의해 희생당하는 생물이 억울하다고 항변할 수 없는 것처럼 인간도 강한 종족에 의해 지배당하고 말살당해도 잔인하다고 느낄 필요가 없다고 말하고 있다. 일설에 의하면, 그 자신 또한 더 강한 자가 나타나 지배하게 되면 당연히 물러나야 할 것으로 여겼다고 전해진다.

이런 약육강식의 현상은 반드시 필요한 것이며 그 자체가 악해도 문제되지 않는다는 히틀러의 세계관을 알 수 있는 이 글에서, 그는 이 법칙에 따라 세상이 돌아가지 않는다면 진화는 전혀 불가능할 것이라고 피력하고 있다.

대부분의 사람들은 약육강식의 법칙이나 적자생존의 법칙이 (진화론을 인정하지 않더라도) 자연의 당연하고도 전반적인 법칙이라고 알고 있는 경향이 많다. 바로 이런 생각에서 아이들의 학교 폭력과 왕따 현상이 나타나는 것이고, 남녀간의 강제적 성폭력과 사랑 쟁취주의, 또 학교와 사회에서의 무한경쟁주의, 성적지상주의, 외모지상주의 등이 힘을 얻는 것이다.

하지만 자연은 그런 법칙으로만 이루어져 있지 않다. 생물들은 대개 경쟁을 통해 원하는 것을 얻기도 하지만 그런 경쟁은 반드시 서로 죽이는 방법으로만 사용되지는 않는다. 오히려 역할분담 등 함께 살아갈 수 있는 방법으로써의 공존을 위한 경쟁을 하는 생물들도 많다. 또한 큰 물고기와 청소 물고기, 악어와 악어새처럼 진화론적 개념으로 풀 수 없는 기묘한 상리공생 혹은 편리공생 관계가 자주 목격된다. 벌과 곤충들은 자기들만 살려고 하지 않고 씨앗들을 멀리 퍼뜨려 사람의 손이 닿지 않는 곳에도 열매와 꽃이 만발하게 하여 다른 생물들을 이롭게 한다. 또한 생물들은 아무것이나 자기보다 약하다고 먹어치우지 않으며, 어린 것들은 나중을 위해 남겨 두기도 한다. 동물은 아예 먹지 않고 식물만을 섭취하는 동물들도 많다. 아프리카 맹수들의 잔인한 사냥은 동물세계의 일부분일 뿐이지 이것을 일반화시킬 수는 없다.

  자연계의 식물과 인간이 섭취할 수 있는 동물들은 늘 과잉생산을 통해 식량을 제공한다. 이 과잉생산이 진화를 가능케 한 원동력이라고 해석하는 것이 진화론이지만, 사실은 인간을 위한 것이다. 수탉이 없이도 알을 낳는 가축인 암탉은 매일 달걀을 제공하고, 돼지는 한 마리로부터 그의 일생에 수만, 수백만 마리로 불어나 식탁을 풍성하게 하기도 한다. 자연은 다양한 모습을 지니고 있기 때문에 관점에 따라 다양한 해석이 가능하다. 진화론에서 말하는 경쟁과 먹이사슬의 구도는 분명히 존재하지만, 그것이 반드시 진화를 위한 구조가 아니며 그 목적 또한 투쟁을 통한 발전을 지향하기 위함만은 아니다. 더구나 인간은 진화가 되었든 지적으로 설계되었든 존엄함을 배제하고 논해서는 안 될 가장 숭고하고 특별한 존재이다. 히틀러처럼 진화론적 세계관이라는 색안경을 끼고 보면, 약육강식의 세상을 인간에게 적용하는 오류를 범하게 된다.

히틀러가 찬탄한 아리아 인종

『나의 투쟁』에는 아리아 인종(Aryans)에 대한 찬양이 자주 등장한다. 또한 그들을 제외한 사람들을 폄하하고 무가치하게 여기고 있다.

히틀러가 말하는 아리아 인종은 인도와 이란에 거주하는 인도·유럽계의 언어를 쓰고 있는 사람들의 총칭이다. 중앙아시아에서 유목 생활 중 BC 2000년경 이동하여, 인도와 이란 등지에 정착한 것으로 알려져 있다. 흔히 서유럽인을 뜻하기도 한다. 이들의 자부심은 아직도 그 잔재가 남아 있고, 세계인들도 경제와 문화의 대국을 이룬 그들을 우러러보는 경향이 있는 것이 사실이다. 한 예로 기독교의 성화들을 보면, 유대인으로 태어난 예수 그리스도의 형상을 그릴 때 유대인이 아닌 서유럽인으로 그리는 경향이 많다. 실제 가능했을 예수의 얼굴을 이스라엘 청년의 모습으로 그려낸 사진이 토픽에 오르자 사람들은 심한 거부감을 드러내기도 했는데, 바로 이런 편견 때문이다.

오늘날 이 지상에서 찬탄의 대상이 되고 있는 과학, 예술, 기술, 발명 등은 다만 소수의 민족, 아마도 원래는 한 인종의 독창적 산물일 뿐이다.

따라서 이런 모든 문화의 존속도 그들에게 의존되고 있으며, 만일 그들이 멸망한다면 그들과 함께 이 지상의 아름다운 것들도 무덤 속에 묻혀 버리는 것이다.
아리아 인종은 지적 능력보다는 오히려 자기 능력의 일부를 사회를 위해 기꺼이 바치는 점에 있어 세계에서 가장 우수한 민족이다.

- 같은 책, pp.172-173

히틀러가 게르만족의 우월성을 알리는 데 '아리안'이라는 말을 자주 사용한 것은 자신들을 아리안족의 후예라고 주장하고 있기 때문이다.
그는 앞의 글에서처럼 자신들의 인종이 인류에 많은 혜택을 베풀어 온 것은 물론, 유일하게 가치 있는 종족이기 때문에 자신들 위주로 인류를 재편하는 것이 진화론적으로 정당하며 당연한 수순이라고 주장하고 있다. 그러기 위해서는 혈통을 저등한 인종과 섞지 말고 깨끗하게 유지해야 한다는 것이다. 그는 '과거의 위대한 문화는 모두 원래 창조적이었던 인종의 피가 불순해짐으로 인해서 사멸한 것'이라고 주장하며 이를 위해 투쟁하며 나아가야 한다고 외쳤다.

살기를 원하는 자는 마땅히 싸워야만 한다. 이 영원한 투쟁의 세계에서 싸우기를 원하지 않는 자는 살 가치가 없다.

- 같은 책 p.152

이렇게 써내려간 히틀러의 사상은 역시 약육강식의 세계를 그리고 있다. 결국은 강한 자가 살아남는 것이며 그 주인공은 자신들이 될 것이라고 주장했다.

그렇지만 오늘날은 어떤가? 어느 민족도 그 안에 우수한 사람과 그렇지 못한 사람이 섞여 있는데, 그렇다고 해서 인격적으로 우열이 있음을 뜻하는 것이 아니다. 그런 접근이 해롭다는 것은 의식이 있는 사람이면 누구나 알 수 있는 문제이다.

비록 세계가 군사력과 경제력의 차이, 또 교육 수준의 차이에 따라 민족별로 차이가 나는 것처럼 보이지만 근본적으로는 차이가 없으며, 어느 국가, 어떤 부족의 누구라도 양질의 교육을 받으면 어떤 역할도 감당할 수 있는 재원이 될 수 있다. 이것이 언어와 인간의 지식을 아무리 가르쳐도 작은 한계조차 뛰어넘지 못하는 유인원과 인간의 차이가 아닌가.

광기의 지도자 히틀러의 궤변들

히틀러는 더 나아가 장애인과 불치병자들도 더 이상 임신을 할 수 없도록 조치해야 한다는 등의 주장을 하기도 했다.

이는 진화론에 젖어 있던 당시 지식층에서 공공연히 주장되는 일이기도 했다. 『나의 투쟁』 중 '불치병자의 단종'이라는 제목의 글 중 한 부분이다.

결함 있는 인간이 결함 있는 자손을 생식하지 못하도록 하려는 것은 가장 명석한 이성의 요구이며, 그 요구가 계속적으로 수행된다면 그것이야말로 인류의 가장 인간적인 행위를 의미한다. 그 요구는 몇 백만의 불행한 사람들의 고뇌를 제거해 줄 것이며, 그 결과 일반적인 건강 증진을 가져올 것이다.

- 같은 책, p.152

한편 히틀러의 사상과 광기에는 주술적인 요소도 많았다. 사이가 틀어지기 전까지 히틀러와 막역한 친구였던 헤르만 라우슈닝(H. Rauschning, 전 나치 지도자)은 히틀러에 대해 다음과 같이 회상한다.

우리는 지금 세계 역사의 전환점을 맞았다. 이것이 그가 늘 하던 말이었다. 우리 인간은 평생 동안 일어날 혁명이 어떤 규모가 될지 상상할 수 없다. 그 무렵 히틀러는 도인처럼 말했다. 그의 확신에 찬 선언은 생물학적 신비주의에 바탕을 두고 있었다. 아니, 신비주의적 생물학이라고 해야 할까? '지성의 우연적 경로'를 추구하는 것은 신성한 임

▶ 히틀러의 친구이자 나치 지도자였던 헤르만 라우슈닝

무로부터의 이탈을 뜻했다. 히틀러는 주술적 통찰력을 가지는 것을 인류 진보의 목적으로 여겼다. 실제로 그는 자신이 그런 재능의 싹수를 가졌다

고 믿었으며, 그 덕분에 지금까지 성공을 거두었고 앞으로도 명성을 얻으리라고 생각했다.

- Hermann Rauschuning, "Hitler Speaks" (1939) pp.240-243

생물학적 신비주의란 히틀러의 인종에 대한 신념에서 비롯된 것이라고 짐작할 수 있을 것이다. 라우슈닝은 히틀러가 자신을 초인적 과제를 담당하기 위해 선택된, 새로운 형태로 부활한 예언자로 믿었다고 전하고 있다. 그의 대중적인 정치선전 역시 주술의 한 방법으로 활용되었다는 것이 이 분야 연구가들의 견해이다. 그의 이런 관념에 강한 영향을 준 인물로는 쇼펜하우어와 바그너 등을 들 수 있다.

라우슈닝과의 대화를 통해 히틀러는 로마 가톨릭 교회와 오늘날까지 세계의 지도자들 중 상당수가 가입돼 있는 비밀 종교조직인 프리메이슨에서 많은 것을 배웠는데, 이것은 그가 가톨릭의 예수회에 의해 지도자로 성장했다는 역사를 뒷받침하는 것이며, 그의 사상이 종교적이고 신비주의적이며 주술적이라는 사실을 명백히 보여주는 것이다. 이를 기반으로 하여 그의 생각들은 좀 더 깊은 음모의 구현을 위해 만들어지고 교육된 것이며 마침내 세상에 드러난 것이다.

히틀러는 '이상주의가 개인의 관심이나 생명을 전체 사회에 종속시키고 희생시키게 만드는 것일 뿐' 이라고 비판했다.

가장 순수한 이상주의는 무의식적으로 가장 심오한 인식과 일치한다. 본능은 필요할 경우 개인을 희생해서라도 종을 보존하려고 하는 보다 깊은 필연성의 인식에 따르며, 평화주의를 앞세우는 공상에 항의한다. 그들은 모호한 말을 하지만 사실은 비겁한 에고이스트이므로 진화의 법칙을 어긴다. 왜냐하면 이 법칙은 공중을 위한 개인의 헌신에 의해 야기되는 것이며, 비겁하고 아는 체하는 무리나 자연을 비판하는 자의 병적인 관념에 의해 실현되는 것은 아니기 때문이다.

- Adolf Hitler, "Mein Kampf" 『나의 투쟁』, 홍신문화사, (2006) p.177

이것은 그가 진화의 법칙을 불변의 진리로 생각하고 있음을 드러내는 글이다. 어떤 우수한 집단이 다른 종족을 이기고 자기 종족을 보존해가며 문화의 꽃을 피우는 과정이 투쟁이며, 이런 절대적인 생물학적 진보를 위해 개인은 마땅히 희생되어야 하는 개체에 불과하다는 논리이다.

히틀러가 미워한 유대인들의 학살

히틀러는 전범으로서 유대인에 관한 악행을 빼놓고는 이야기할 수 없는 인물이다. 그는 유대인이 열등하고 메스꺼운 종족이라고 늘 입에 달고 살았지만, 오히려 히틀러가 탄압한 유대인들이 노벨상 수상자의 상당수를 차지하는 등 놀라운 민족적 우수성을 보여주고 있는 것은 아이러니한 일이다.

히틀러의 유대인에 대한 탄압은 오히려 열등감에 의한 것으로 볼 수도 있다(한 연구에 의하면 그는 젊은 시절 같은 학교에서 만난 동갑내기 루드비히 비트겐슈타인(L. Wittgenstein, 1889~1951, 분석철학자)으로부터 이런 열등감과 경멸감을 느낀 것으로 분석하고 있기도 하나, 두 사람 모두 서로에 대해 언급한 적은 없으므로 특별한 관계는 아니었다는 주장도 있다).

유대인의 속성은 변하지 않았다. 2천 년 전 오스티아의 곡물상으로 로마어를 쓰던 유대인과 오늘날 밀가루 장사로 폭리를 취하면서 유대 억양으로 독일어를 재잘거리는 유대인은 서로 다를 바가 없다. 늘 같은 유대인이다.

- 같은 책, p.283

그는 민족을 문화나 언어를 공유하며 같은 목표를 지향하는 집단으로 보지 않고 피로 구분했다. 바로 생물학적인 구분법이며 진화론적인 접근이라고 할 수 있는데 그는 피가 섞이는 잡종화는 패배의 길이라고 보았다.

(우수한 인종이) 열등 인종과 결혼했을 때 그 사이에서 태어난 혼혈아가 우수한 민족의 언어를 아무리 잘 구사한다 하더라도 문화 창조력은 사라지고 말 것이다. 한동안은 다른 정신 사이에 격렬한 투쟁이 있을 것이다. 그

리고 차츰 몰락해 가고 있는 민족에게서 마지막 불꽃이 꺼지려 하는 순간처럼 놀라운 문화적 가치를 드러내는 일이 있을지 모른다. 그러나 그것은 단지 우수 민족에 속하는 개개의 요소 아니면 또 혼혈아일지라도 최초 교잡 때의 우수한 피가 아직도 우세를 차지하여 싸우려고 한 것으로써, 결코 혼혈의 결과 나타난 것은 아니다. 혼혈에는 언제나 문화적인 역행의 움직임이 나타날 것이다.

- 같은 책, p.239

이처럼 참으로 뿌리 깊은 오해와 궤변의 소유자가 히틀러였다. 의학적으로나 철학적으로나 생물학적으로 전혀 이치에 맞지 않는 무지한 주장이 아닐 수 없다. 게르만 족을 향한 무한한 믿음과 자부심은 거의

▶ 유대인들의 시신이 널려 있는 수용소

신앙에 가까운 것이었음을 알 수 있는 대목이다.

이런 차원에서 유대인을 학살하는 것도 아무런 죄의식 없이 이루어졌다. 아우슈비츠 등지의 수용소에서는 악명 높은 가스실 등을 통해서 약 600만 명의 유대인들이 처형되었다. 이는 열등한 종족을 살인 가스로 즉사시켜야 한다고 주장했던 에른스트 헤켈(E. Heckel)의 주장을 실제로

1. 아돌프 히틀러 25

적용한 놀라운 일이었다. 히틀러의 무지에 의한 광기에 그의 민족이 동조한 결과였다.

히틀러만 유죄이고 진화론은 무죄인가?

이런 악행은 1933년 나치의 전당대회에서 채택된 진화론이 논리적 당위성을 제공한 것이며, 프랜시스 골턴(F. Galton)의 우생학(eugenics)이 받아들여진 결과이다. 우생학적인 개념, 즉 인종의 우열을 나누고 차별하는 개념은 거의 모든 근대 진화론자들의 편견이었다(124, 135쪽 참고).

한편 히틀러의 성장과 패배 후의 도주 등에 결정적인 도움을 준 바티칸은 어떤 책임도 지지 않았다. 또한 히틀러라는 인물과 그의 사상은 독일인들에 의해 반성되고 세계사적으로 어느 정도 평가가 내려졌지만, 그를 있게 한 진화론에 대해서는 세계인들이 그 심각성을 알지도 못하고 인정하려고도 하지 않는다. 앞에서 살펴보았듯이, 히틀러를 있게 한 사상 중 가장 중요한 근간을 이루는 것이 바로 진화론이다. 반드시 이 부분은 계몽되어야 하며 재평가가 이루어져야만 하는데도 불구하고, 진화론은 사회 전반에 더욱 깊숙이 퍼져나가 다양한 형태로 '진화' 하며, 인간의 삶을 피폐하게 만들고 있다. 히틀러 정신은 진화론 속에 살아남아 이 세상 전체를 약육강식의 정글로 몰아가고 있다.

이것이 진화론의 진면목이다. 아마 세상에 등장했던 어떤 철학이나 사상도 이만큼 백해무익한 것은 없었을 것이다. 그래서 진화론은 인류

최대의 사기극이 틀림없다. 전혀 선용되지도 않으며, 악행의 도구로 활용되고도 여전히 그 자리에서 내려오지 않는 진화론. 이런 어처구니없는 역사의 반복이 가능한 이유는 바로 대안이 없기 때문이다.

진화의 반대편에는 대중들이 죽기보다 싫어하는 가설이 있다. 진화론의 참모습이 무엇인지 잘 모르는 그들은 여전히 그 땅에 서서 서로 죽이고 속이면서도 진화론을 하나의 과학이자 종교와 철학으로 움켜쥐고 있다.

극심한 경쟁과 승자 독식의 세상을 살아가는 우리의 아이들과 여전히 사회의 약자인 여성, 벼랑으로 내몰리는 이 땅의 가장들을 보면 그 밑에 시퍼렇게 살아 숨 쉬고 있는 진화론의 심장을 직시하게 된다. 인간을 자연의 법칙에 종속시키는 진화론적 경향 속에서 세상은 언젠가 또 하나의 히틀러를 탄생시킬 수 있다. 아니, 진화론을 배우는 개개인 모두를 광기어린 작은 히틀러로 키우고 있을지도 모를 일이다.

나치의 만행을 가능케 한 것은 사실 인간의 악함 때문이며, 진화론에 모든 잘못을 덮어 씌우려는 것이 아니다. 다만 그런 악행을 정의로운 일로 포장하고 합리화하는 데 이론을 제공한 것이 진화론임을 모두가 알아야 한다는 것이다.

| 소설가 헤르만 헤세의 진화론적 믿음과 종교 |

"소설 『데미안』은 청년의 교과서가 될 자격이 있는가?"

▶ 헤르만 헤세

독일의 시인이자 소설가인 헤르만 헤세(Hermann Hesse, 1877~1962)는 『수레바퀴 밑에서』, 『유리알 유희』 등 많은 작품을 통해 잘 알려진 인물이다. 그는 종교적 관점에서 많은 소설과 글을 썼는데, 그중에서도 『데미안(Demian)』은 '청년의 교과서'로 세계인이 애독하는 성장소설이면서 심오하고 근원적인 질문과 답을 많이 내포하고 있는 독특한 작품이다.

『데미안』이 발표된 1919년은 제1차세계대전이 끝난 이듬해로, 당시 유럽인들은 정신적인 충격과 혼돈 속에 머물고 있었다. 이 소설은 전쟁으로 황폐해진 사람들, 특히 독일의 청년들에게 큰 감동을 주었으며 제1차세계대전 직후 패전으로 말미암아 낙담한 이들의 환영을 받았다.

먼저 『데미안』에 나오는 유명한 문장으로 헤세의 종교관을 엿볼 수 있다.

새는 알을 깨고 나온다. 알은 새의 세계이다. 태어나려는 자는 한 세계를 파괴하지 않으면 안 된다. 새는 신을 향해 날아간다. 그 신의 이름은 아브락사스이다.

- Hermann Hesse, "Demian" (1919), 『데미안』, 범우사, (1991) p.86

아브락사스(Abraxas)는 신이자 악마인 두 얼굴의 존재이다. 이처럼 그는 신을 선과 악이 공존하는 존재로 보았다. 헤세는 『데미안』에 등장하는 오르간 반주자 피스토리우스의 입을 통해서도 다음과 같은 세계관을 드러낸다.

……우리는 누구나가 이 세계의 모든 재고품으로 구성돼 있고, 우리의 육체는 물고기에 이르기까지, 나아가 더욱 아득한 데 이르기까지 소급될 수 있는 진화의 계보를 지니고 있는 것과 마찬가지로 우리의 영혼 속에, 이제까지 인간의 영혼 속에 살았던 모든 것을 지니고 있지. 여태까지 존재했던 모든 신들과 악마들이, 그것이 설령 그리스인이나 중국인이나, 혹은 줄루족의 것이든 모두가 가능성과 소망과 방편으로서 우리들 안에 함께 존재하고 있고, 현재도 곳곳에 존재하고 있어.

- 같은 책, p.99

이처럼 헤세는 당시의 많은 지식인들과 마찬가지로 진화론을 당연시했다. 『데미안』의 7장 서두에는 이런 부분이 있다.

……우리들은 다만 각자 완전히 자기 자신이 되고, 자기의 내부에서 작용하는 자연의 싹을 정당하게 평가하고, 의지를 뒤따르며 불확실한 미래가 초래하게 될지도 모르는 온갖 일에 대비해서 스스로 준비를 갖추고 있어야 한다는 것을 의무, 그리고 운명으로 느낄 뿐이었다.

- 같은 책 p.133

▶ 헤세의 필명이자 소설의 1인칭 주인공인 에밀 싱클레어의 이름으로 출간된 『데미안』의 초판

무작위적인 자연선택으로 우주와 모든 존재들이 변화해 간다는 진화론의 논리처럼 인간의 내부에도 자연의 의지가 작용한다고 말하고 있다. 어떤 절대적 존재에 의해서가 아닌 자연적으로 발생하여 흘러가는 존재가 자연의 일부에 지나지 않는 인간의 모습이라고 보았던 것이다.

소설의 후반부에도 데미안을 통해 진화론적 이야기가 직접적으로 등장한다.

……그것을 언제나 생물학적이며 진화론적인 견지에서 생각해야 하네! 지구의 표면에 일어난 변혁이 물에서 사는 동물을 육지로, 육지에 사는 동물을 물속으로 몰아넣었을 때, 그런 전대미문의 일을 완수하고 새로운 적응에 의해 자기들의 종족을 구할 수 있었던 것은, 운명에 대하여 준비를 갖추고 있었던 좋은 예지. ……그들은 마음의 준비가 되어 있었고 그

때문에 새로운 발전 단계를 넘어 자기 종족을 구할 수 있었던 거야. 우리는 그 점을 잘 알 수 있다네. 그래서 우리는 준비를 하려는 거야!

- 같은 책. pp.134-135

종족의 보존과 생존을 위해 싸워 진화를 이룩해온 생물들처럼 인간도 이런 전쟁과 혼란의 위기에 투쟁하고 살아남아 세상의 주인공이 될 수 있도록 준비해야 한다는 것이다.

『데미안』은 어린 날의 트라우마를 지닌 채 살아가는 심약한 싱클레어에게 멘토이자 구원자처럼 나타난 신비한 친구 데미안을 통해 삶의 해답과 용기와 근원적 물음을 찾아간다는 이야기로, 많은 젊은이들에게 큰 영향을 미쳤다. 그러나 그 배경을 들여다보면 저자가 신봉했던 양면적 존재로서의 신과, 결국은 아무 해답도 줄 수 없는 진화론이 그 뿌리가 된 작품이다.

어떤 것도 옳거나 그른 것은 없다는 상대주의적 관점의 신은 어떤 정의에 대한 기준도 제시할 수 없으며, 단지 상상에 불과한 진화의 원리들은 과거와 미래에 대한 불투명성 외에 다른 것을 볼 수가 없는 불가지론일 뿐이다.

이처럼 애매하고 목적 없는 철학으로 완성된 작품이 문체의 미려함이나 종교적 탐구, 진지한 자아성찰의 시도 등을 이유로 '청년의 교과서'로 읽혀지고 추천되고 있다면 청년 독자들은 어떤 가치관으로 무엇을 선택하며 살아가야 하는 것일까? 결론 없고 끝없이 표류하는 학문과 고찰의 종착지는 결국 허무주의밖에 없다.

청년들을 바른 가치관으로 살게 하려면 옳고 그름에 대한 정확한 판단 기준이 필요하다. 그것은 상대주의적 관점으로는 해결되지 않는다. 또한 세계는 이기기 위해 준비된 자가 쟁취하고 이끌어가는 것도 아니다.

이 시대에 1등만이 대접받고, 다섯 살 때부터 학원에 가서 경쟁하며 오디션과 서바이벌 문화로 상처입고 있는 젊은이들은 자연선택의 논리에 따라 극소수 승자들의 들러리로 희생되며 낙오하고 있다.

자신들의 존귀함에 관심 없는 진화론을 배우며 그것을 과학으로 알고 살아가는 청년들, 그들에게는 소설 『데미안』이 필요한 것이 아니라 정확한 설계에 의해 각자 목적을 지니고 귀하게 탄생한 존재임을 알게 해주는 일이 필요하다.

그 때에야 비로소 경쟁만이 살 길이 아님을 알게 될 것이고, 자신뿐 아니라 타인과 작은 생물들조차도 귀하게 바라보는 시선이 열리게 될 것이다. 그래야만 헤르만 헤세의 시대보다도 더욱 낭만이 사라지고, 더욱 메마르며, 더욱 암울한 시대를 살아가는 청년들에게 작은 희망을 줄 수 있을 것이다.

2
리처드 도킨스 *Richard Dawkins*
현대 다윈진화론의 저격수

> "생물의 설계된 듯한 복잡성은 강력한 환상이다."
> "Darwin Triumphant : Darwinism as a Universal Truth" - Richard Dawkins

무신론자와 진화론자들의 최전방 대변인

리처드 도킨스(1941~)는 옥스퍼드대학교에서 동물학을 전공하고 박사학위도 취득했다. 그는 1970년부터 옥스퍼드대학교 교수로 일했고, 1995년에는 석좌교수로 임명되었다가 2009년에 정년퇴임했다. 그는 과학자이면서 많은 저서들을 집필하는 작가로도 저명한 사람이다. 『이기적 유전자』를 비롯한 많은 진화론 해설서들을 집필했으며, 『만들어진 신』 등의 저서를 통해 종교계와 정면 대립하는 인물이다. 그는 진화론자들 중에서도 특히 점진적 다윈주의를 옹호하는 사람으로, 단속평형설을 주장한 굴드 등의 주장과는 같은 진화론 내에서도 대립적인 이론을 유지한다. 도킨스는 진화론은 물론 종교에 반대하는 많은 주장과 인터뷰, 동영상 등으로도 유명한 베스트셀러 저자이다.

> **생물들은 그것이 설계된 것처럼 상상 이상으로 복잡하지만, 단지 강력한 환상일 뿐이다?**

불편한 본질을 외면하는 과학자

먼저 우주의 기원에 관해 의견을 펼치는 리처드 도킨스의 말을 살펴보자.

어떤 일이 통계학적으로 더 비개연적일 경우에 우리는 그것이 맹목적인 우연에 의해서 발생했다고 믿기는 더욱더 어렵게 된다. 피상적으로 볼 때 우연에 대한 명백한 대상은 지성적인 설계자이다.…… (그러나) 나는 신이 만들고자 하지도 않을 복잡한 조직체(우주)에 대한 설명으로서 그를 끌어들이기가 싫다. 우리가 설명하고자 하는 것은 복잡한 조직체이다. 그런데 이를 설명하기 위해 더 복잡한 존재(신)를 끌어온다는 것은 어리석은 일이다. 만일 그가 우주를 창조했다면 그는 더욱 복잡하고 조직적인 존재임에 틀림없다.

- Richard Dawkins, "The Necessity of Darwinism", New Scientist 94. (1982) p.130

　기원에 관한 도킨스의 이 말에는 놀라운 궤변이 들어 있다. 더 단순한 존재가 자신보다 복잡한 것을 만들어 낼 수 없다는 것이 당연한 논리인데도 그렇게 생각할 필요가 없으며, 더 무능력한 가능성을 채택하고 논리적으로 가능한 존재는 배제하겠다는 것이다. 물론 생각은 그의 자유이지만, 그런 사고와 유추방식을 갖는 이들을 비난하고 자기 방식을 강요하는 것은 굉장한 오만이다.

　그러면서도 그는 벤 스타인(B. Stein)이라는 저널리스트와의 인터뷰에서, 어떤 외계의 고등한 존재가 지구에 생명을 퍼뜨렸을지도 모르지 않느냐는 질문에 그 가능성을 인정했다. 그는 물론 그 고등한 존재조차도 진화 과정에 의해 점진적으로 진화된 존재일 것이라는 단서를 붙였지만, 어쨌든 지적 설계의 가능성을 명백히 인정한 것이다. 단지 지구상에서 거론되는 특정한 신이 그런 일을 했다는 가설은 불쾌하다는 것이다.

궤변에 가까운 제목의 베스트셀러들

　그가 발표한 책 속의 이슈들은 매우 드라마틱하고 상징적이며, 공격적인 면에서 명쾌해 보이기도 한다. 그의 책 제목들은 그의 말을 믿고 싶은 사람들에게 아주 매력적으로 다가온다. 『이기적인 유전자(The Selfish

Gene)』라는 책의 제목은 각 유전자들이 종족을 보존하기 위해 나름의 매력을 발산하여 생존하거나, 인간과 같은 지적인 존재는 '가족사랑' 이라는 본능적 방법을 통해 유전자를 효과적으로 후대에 전달한다는 논리를 갖고 있다.

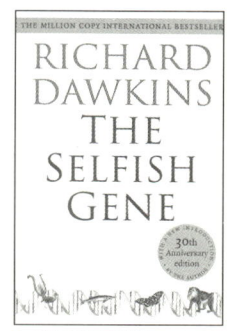
▶『이기적 유전자』

『눈먼 시계공(The Blind Watchmaker)』에서 시계공이라는 말은, 엔트로피가 증가하는 세상 만물, 즉 점점 무질서해지는 우주와 물질계를 볼 때 언젠가 맨 처음에 그것을 시작한 존재가 있었음을 뜻하는 단어이다. 어떤 시계의 태엽이 풀리려면 그것을 만든 지적인 시계공이 필요하고, 태엽을 감은 맨 첫 시점이 존재해야 한다는 전제를 담은 말이다. 그런데 이 책은, 만일 그런 시계공이 있다면 그것은 자연선택이며, 눈먼 존재와 같은 이 시계공이 무작위적으로 길고 긴 시간 동안 생물을 정교하고 복잡하게 진화시켰다는 것이다.

▶『눈먼 시계공』

『지상 최대의 쇼(The Greatest Show on Earth)』라는 제목의 책이 말하는 것도 이와 비슷한 것인데, 그런 점진적 진화라는 다윈주의 과정을 통해 물질과 생물들이 놀라운 작품들로 지구에 등장하게 되었다는 논리이다.

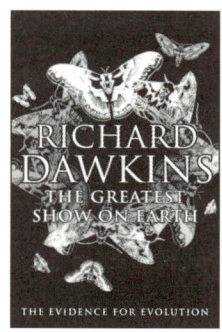
▶『지상 최대의 쇼』

그의 주장으로는 이런 과정들이 모두 가능했다고 하지만, 사실은 그렇지 않다. 그는 진화론 안에서 하나의 큰 축을 차지하는 것뿐이며, 무신론자들의 저격수로서 환영받는 논리를 가지고 있을 뿐이다. 그의 책은 철학적 모순은 물론 논리적 모순, 또한 증거의 부재 등을 커버하는 화려한 언변과 글재주로 늘 이슈를 일으키고 있고, 그것은 책의 판매로 이어지고 있다. 『눈먼 시계공』에서 그는 다음과 같이 말한다.

> 생물학은 목적을 가지고 설계된 것처럼 보이는 복잡한 조직체들을 연구하는 것이다.
>
> - Richard Dawkins, "The Blind Watchmaker", (1986) London : Penguine Books. (1991) p.1

그가 생물들을 관찰했을 때 계획적인 설계의 증거들로 인해 매우 큰 충격을 받았다고 말하면서, 그것을 '강력한 환상'이라고 표현했다.

> 살아있는 물체의 특색을 설명해야 한다면 (그것은 계획적인 설계라고 볼 수밖에 없는 강력한 환상 쪽으로 설명을 유도하는) 모든 면에서 거의 상상할 수 없을 정도로 복잡하다는 것이다.
>
> - Richard Dawkins, Zoololist and Professor for the Public Understanding of Science, Oxford University "Darwin Triumphant: Darwinism as a Universal Truth," in Robinson M. H. & Tiger L., eds., Man & Beast Revisited, Washington DC: mithonian Institution Press. (1991) p.24

그는 이렇게 밝히면서도 애써 모든 설계의 흔적을 부인하면서, 그것은 '이기적인 유전자'들이 '눈먼 시계공'들의 지휘에 따라 '지상 최대의 쇼'를 하는 것뿐이라고 자신과 세인들에게 최면을 걸고 있다. 아마도 그는 다윈 이래로 가장 뛰어난 과학적 이야기꾼일 것이다.

도킨스가 '강력한 환상'이라고 말한 생물의 복잡성을 볼 때 지적 설계를 떠올릴 수밖에 없는데도 이것이 환상이라고 주장하는 반면, 증거 없는 가설인 진화론은 과학이라고 강변한다. 이 대목에서 제임스 왓슨과 함께 DNA 나선형 구조를 밝혀낸 프랜시스 크릭(F. Crick)의 말이 떠오른다.

> 생물학자들은 그들이 보고 있는 것들이 설계된 것이 아니라 진화된 것이라는 마음을 가지고 꾸준히 지켜보아야 한다.
>
> - Francis. H. C. Crick, "What Mad Pursuit : A Personal View of Scientific Discovery", (1988) London Penguin Books Reprint. (1990) p.138

이처럼 그들의 주장대로라면 믿음이 없이는 불가능한 학문이 진화론이다. 그러므로 지적 설계가 환상이 아니라 진화론이 매우 강력한 환상이자 판타지이며 믿음의 체계인 것이다.

한편 도킨스는 '생물들이 지적으로 설계되었다면 왜 취약한 부분이 있느냐'고 반문하면서, 생물이란 시간에 따라 보완되고 땜질된 역사의 유물에 불과하다고 말한다. 그러나 세포, DNA, 그리고 생물의 기능들이 지금보다 얼마나 더 놀라워야 완벽하다고 하겠는가. 인간의 능력으로 만들 수 있는 것들과 동물 세포 한 개를 비교했을 때 그런 생물들의 놀라운 차별성을 단순히 땜질이라고 말할 수 있을까? 또한 그것들은 부족함을 보완하며 발전해온 것이 아니라 오히려 수명과 기능 면에서 엔트로피의 증가 법칙에 따라 더욱 부실해지고 있다. 현대 의학이나 수의학 등의 발전에 따라 인위적으로 잠시 수명이 늘거나, 약점을 보완한 동물들이 육종(育種)을 통해 등장할 뿐이다.

종이 다르면 서로 교배가 불가능하다. 진화로 주장되는 것들은 모두 종 안에서의 다양화에 불과하며 이는 종을 넘나드는 대진화는 불가능하다는 자연법칙을 드러낼 뿐이다. 그런데 도킨스는 생물들이 진화해서 서로 종을 오가다가 점점 독립된 개체가 되고 난 후 서로 교배가 불가능해지면 종이 정착된 것이라고 정의한다. 그러나 이는 현재의 상태를 결과적으로 본 후에 시나리오를 쓴 것에 불과하다.

그의 표현대로 진화 과학자들은 '현장에 늦게 온 탐정'이라 할 수 있지만, 사실들을 통해 범인을 가려내기에 충분하다는 식의 주장에는 동의할 수 없다. 화석 한 조각으로 당시의 생태계와 동물의 변화 등을 총체적으로 이해한다는 것은 상상력과 삽화로만 가능한 일이다. 늦게 온 탐정은 원래 있던 물건이 없어졌는지는 알 수 있을지 몰라도 어떤 물건이 처음부터 있었던 것인지, 어떤 상황이 바뀐 것인지 모두 알 수는 없다. 기원의 문제와 생물 변화 과정은 그렇게 간단하지가 않다.

　왜 진화는 멈추었는가? 지금 종을 넘나들며 번식하거나 교배하는 종은 왜 없단 말인가? 생물학자들의 분류에 따른 가까운 종들끼리의 인위적인 번식은 노새나 라이거 등 외에는 그 사례를 찾을 수 없으며, 더구나 그 종들은 불임으로 태어난다. 아마도 그들의 진화계통을 표현한 나무그림(계통수)에 따라 생물들이 계속 가지 뻗기를 해나가는 상황이라면 지금도 그런 중간 형태의 생물들은 분명히 존재해야 하며, 종간의 교배가 이루어지는 생물들이 어쩌면 정착된 종들보다 더 많아야 하는 것이 상식이다.

울트라 다윈주의자의 모순들

　도킨스는 방송에도 종종 출연하는데, 그의 책 『지상 최대의 쇼』에는 의문을 품은 한 시청자와의 대화가 소개된다. 도킨스는 유인원 화석들이 인류와의 중간 종이라는 사실을 받아들일 수 없다는 시청자를, 40%에 육박하는 골칫덩어리 무신론자와 꽉 막힌 창조론자들 중 한 명일 것이 분명하다고 여기며 박물관에 가서 루시(Lucy, 오스트랄로피테쿠스)를 비롯한 '호모 아무개'들을 직접 보라고 수차례 이야기 한다. 그러면서 원본은 다른 곳에 있지만 당신이 사는 동네에 복사본이 있으니 확인하라는 것이었다.

　이것을 다윈주의를 부정하는 답답한 사례로 책에 수록한 도킨스를 과연 세계적인 석학이라고 불러야 할지, 아니면 굴드의 표현대로 '울트라다윈주의자' 그 이상도 이하도 아닌 맹신자라고 해야 할지는 각자 판단하는 수밖에 없다. 왜냐하면 일찍이 루시는 원숭이로 판명되어 인간과 관계가 없음을 많은 진화론자들도 인정했음은 물론, 그 어떤 '호모 아무개'도 제대로 된 골격의 중간 종으로 공인된 적이 없기 때문이다. 더구나 그것들은 왜 전 세계의 그토록 많은 화석 가운데 단 한 곳에만 원본이 있을 정도로 금쪽같이 귀한 증거물일 수밖에 없는지, 또 그토록 오랜 세월동안 진흙에 묻혀 광물질화가 된 화석이 아니라 뼛조각 상태로 발견되어 진화의 잃어버린 고리를 맞추게 되었는지, 그 어느 것도 명쾌하지 않다.

은퇴한 지금도 여전히 활발한 활동을 벌이는 도킨스는 '딸을 위한 기도'라는 글을 그의 저서 『악마의 사도』에 실은 적이 있는데 그 내용을 토대로 어린이들을 위한 책을 쓸 것이라는 내용이 『지상 최대의 쇼』에 소개되어 있다. 도킨스가 딸을 위해 기도하고, 자기 아이들을 위해 책을 쓸 때 어떤 취지와 목적으로 접근하는지 궁금하다.

그는 딸을 향한 애틋함을 스스로 신기하게 여기면서, 그것은 아버지 안의 이기적인 유전자들이 종족을 보존하기 위해 아우성치는 것일 뿐이라고 가르쳐 주며, 이 모든 것이 자연의 선택이며 우주의 일부인 우리의 길이니 어떤 존재가 정교한 설계로 이 모든 것을 만들어냈다고 주장하는 이들의 말을 절대 믿지 말라고 가르칠까? 그래서 이 세상은 가장 진보한 종인 인간들의 자연적 선택으로 원래 평화로워야 하는데, 종교의 오만과 폭력에 의해 멸종의 위험에 처했다고 가르칠까?

그러나 우리는 투쟁과 도태를 도구로 하는 자연발생적 진화론이 인간을 우연의 결과물로 전락시킨다는 것을 분명히 알아야 한다. 약육강식을 정당화시키는 진화론이야말로 오만과 폭력에 면죄부를 주는 하나의 생존 형태에 불과하다. 그러나 도킨스는 이러한 비인격적 가설이 오히려 인간의 존귀함을 짓밟고 수많은 비극을 초래한다는 것을 아이들이 깨닫는 것조차 막고 있다.

3
칼 세이건 *Carl Sagan*
외계 생명을 추적한 천체물리학자

"지구는 우주라는 거대 경기장의 매우 작은 무대이다."

"Pale blue dot" - Carl Sagan

'코스모스'로 유명한 천문학자이자 TV 다큐 해설자

열렬히 외계 생명체를 찾았던 천문학자이자 천체물리학자인 칼 세이건(1934~1996)은 저서 『코스모스(Cosmos)』와 동명의 TV 시리즈 기획 겸 해설자로 유명하다. 시카고대학교에서 인문학 학사, 물리학 석사, 천문학 및 천체물리학 박사 학위를 받은 그는 많은 학위와 상을 받은 우주과학의 아이콘으로 지금도 세계인들의 머리에 강한 인상을 남기고 있는 인물이다. 행성 탐사의 난제들을 해결한 공로와 핵무기 감축에 기여한 공로를 인정받아 각종 상을 수상한 칼 세이건의 『코스모스』는 우주과학의 현대판 고전임은 물론, 진화론과 우주의 생성에 관한 다양하고 해박한 견해를 담은 책으로 지금도 널리 읽히고 있다. 그는 배우자인 앤 드루얀(A. Druyan)과 함께 연구하며 우주 개발에 관해 정치인들을 설득하고 세계인들에게 호소하다가 1996년에 사망했다. 기타 유명 저서로는 『콘택트』, 『에덴의 용』, 『창백한 푸른 점』, 『우주의 지적인 생명체』 등이 있다.

> **우주는 넓기 때문에 지구와 같이 생명체가 진화한 행성이 많다는 이론은 과연 논리적인가?**

지구는 유일한 생명의 별이 아니다?

진화론자나 우주과학자들이 늘 하는 이야기는 드넓은 우주에 지구와 같이 생명이 번식하기에 적합한 별은 수치상 엄청나게 많다는 것이다. 매우 그럴듯하게 들리는 이런 이야기는 과연 사실에 근거한 것인가, 상상력에 바탕을 둔 것인가.

사람들은 그 가능성에 대해 '믿을 만한 과학자들이 알아서 계산했겠지…….' 하며 기정사실로 믿는다. 천체물리학자 프랭크 드레이크(F. Drake)는 1960년대에 이른바 '드레이크 방정식'이라는 것을 통해 이 확률을 계산해냈다.

우리의 은하 안에 별의 탄생과 소멸률, 수명을 고려해 그들이 행성을 거느리고 있을 확률, 그 행성 중 생명이 살기에 적합한 환경이 조성되었

▶ 외계 행성의 존재 가능성을 확률로 계산한 프랭크 드레이크

을 확률, 그들이 지적인 존재일 확률, 문명을 이루었을 확률 등을 계산해낸 것인데, 그것은 단지 그의 생각일 뿐이다. 무슨 근거로, 무엇을 비교 대상으로 그 확률을 정한다는 말인가. 한 마디로, '상수'는 없고 '변수' 투성이인 가정이다.

외계의 증거가 없다는 것에 대해서는, 우리 인간이 사는 이 시대는 수백 억 년이라는 우주의 역사로 보면 매우 짧고도 짧은 시간이므로 이상할 것이 없다고 말한다.

그렇다면 지구처럼 생명이 살 수 있는 환경이란 쉽게 조성되는가? 물론 그렇지 않다. 지구는 태양과의 거리, 달의 인력, 자체 중력, 물의 양, 우주의 밀도, 대기, 오존층, 산소의 양, 식량 등 도저히 같은 시간에 동시에 조성될 수 없는 것들이 모여 이루어진 놀라운 공간이다.

그런데도 칼 세이건은 『코스모스』에서 '지구가 절묘한 균형을 이루어 생명이 살기에 적합하다고 감탄하는 것은 원인과 결과를 혼동한 때문'이라고 말한다. 이미 이런 환경이 만들어졌고, 그 안에 살고 있으면서 바라보기 때문이며, 그러므로 그 자체는 신기한 것이 아니라 당연한 것이라고 한다. 어느 행성의 생명체라도 자기가 존재하는 별의 환경에 대해 극찬할 것이라는 이야기다. 하지만 생명은 보편타당한 어떤 환경에서만 살 수 있는 것이 아니었던가? 아무리 괴상한 환경이라도 거기 적응할 수 있는 생명체가 있는 것일까?

공상과학에서는 이런 것이 가능하다. 소설에는 독성 물질을 먹고 사는 외계 행성의 존재들이 얼마든지 등장할 수 있다. 이런 것을 마치 사람이 뱉어낸 이산화탄소를 식물이 먹고 사람에게 필요한 산소를 뿜는 것처럼 간단하게 생각할지 모르지만 전혀 그렇지 않다.

비소를 먹는 박테리아?

2010년경, 독성물질인 비소를 사용해 대사를 하는 박테리아가 미국 캘리포니아 모노 호수의 침전물에서 발견됐다는 미 항공우주국(NASA)의 발표에 온 세계가 술렁였다. 생명체의 6대 필수 원소인 탄소(C), 수소(H), 질소(N), 산소(O), 인(P), 황(S) 이외에 비소(As)를 사용해 대사를 하는 박테리아(GFAJ-1)를 찾았다고 발표한 것이다.

이 사실은 상당히 놀라운 것이며 외계의 열악한 조건의 행성에도 생물체가 살 수 있다는 가능성을 높이는 것이고, 탐사를 시도해 볼만한 별의 수가 엄청나게 늘어나는 것을 의미한다.

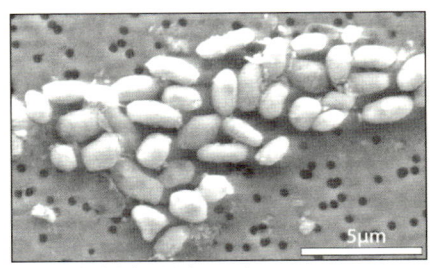
▶ 비소 박테리아로 불린 GFAJ-1

그런데 며칠 지나지 않아 여러 과학자들이 이 발표에 반론을 제기했다. 과학자들 사이에서 의혹이 커지고 있다고 과학저널 『네이처』 2010년 12월 9일자가 주장한 것이다. 『네이처』는 진화론자들의 학술지이지만 NASA와 견해 차이가 발생한 것이다.

먼저 왜 NASA의 연구자들이 DNA나 RNA처럼 인이 포함된 생체분자의 구조를 질량분석기 등의 장비로 밝히지 않았느냐는 점이 지적됐다. 분자 구조를 밝혀 비소가 인을 대체했는지 확인하는 것은 어려운 일이 아닌데, 연구자들은 박테리아에서 분리한 이들 분자의 조성을 분석해 비소의 함유량이 인보다 훨씬 높다고만 밝혔다는 것이다.

간단히 말하면, 일명 '비소 박테리아'는 효율적인 비소 격리 시스템을 갖춰 고농도의 비소 환경에서 살아가는 것이지 생체분자를 만들 때 인 대신 비소를 쓰는 것은 아니라는 주장이다. 그런데도 경솔한 언론들은 '비소로 인을 대체한' 박테리아라고 서둘러 과장 보도했다.

이런 주장에 대해 NASA 우주생물학연구소의 연구자들은 논쟁을 회피했지만, 이 박테리아를 분양하기만 하면 전 세계 과학자들이 바로 재현 실험을 할 수 있고 진실은 금방 드러날 것이라고 반론자들은 주장했다. 그러나 그 뒤로 이 해프닝은 슬그머니 사라지고 말았다. 또 다시 '아니면 말고' 식의 뉴스에 많은 이들이 잘못된 지식을 얻어 우주 생명체의 존재 가능성만 넓혀 놓는 결과를 낳았다.

이 박테리아는 열악한 환경에 적응한 사례이며 '극한 미생물'로 봐야 한다. 화학적 진화나 외계 생명체로 확대 해석할 근거가 전혀 아니며 그저 '종류 내 변이'에 해당하는 것이다. 비소를 먹으며 살아남는 것이 아니라 비소가 있어도 살 수 있다는 것이 정확하고 적절한 표현이다.

골디락스 행성들의 등장

이와 맞물려 '골디락스 행성'인 글리제 581g에 대한 관심도 뜨거웠다. 골디락스는 경제학 용어로 차갑지도 뜨겁지도 않은 호황을 뜻하는 말인데, 지구처럼 적당한 온도가 유지되어 생명체가 살기에 적합한 행성을 골디락스 행성이라고 하며 이런 온도를 유지할 수 있는 영역을 골디락스 지역이라 부른다.

▶ 글리제 581g의 상상도

태양의 역할을 하는 적색왜성 글리제 581이 거느린 6개의 행성 중 하나인 581g는 지구보다 질량이 3~4배, 평균기온이 영하 12~37도라서 생명체가 있지 않을까 기대된다는 행성이다. 공전 주기가 37일이며 자전을 하지 않아서 항상 한쪽으로만 빛을 받는 별이며, 한쪽은 뜨겁고 한쪽은 얼어붙어 있을 것이므로 빛과 어둠의 경계에 생명체가 있을 것으로 추정된다고 했다.

그러나 2014년에나 성능 좋은 망원경을 띄워 본격 연구를 하려는 이 행성의 중심별인 글리제 581은 빛과 열의 양이라든지 다양한 변수가 있기에 명확한 근거를 갖기 어렵다. 이런 유의 행성은 잊을 만하면 한 번씩 뉴스에 등장하고 있다.

게다가 글리제 581은 20광년이 넘는 거리에 있고, 20년 걸려 날아가 보려고 해도 빛의 속도로는 비행 자체가 불가능하다. 또한 현존하는 최고속 로켓으로는 40만 년이나 가야 하니, 이 머나먼 별은 망원경 앞에 앉은 과학자들의 말 몇 마디에 그 기대감이 커졌다 작아졌다 하는 공상 과학에 가까운 이야기다. 하물며 지구와 가까운 만만한 별인 화성에 가려고 해도 탐사선이 3개월은 날아가야 하는데, 글리제 581에 가서 실체를 확인하는 것은 비현실적인 일이다.

이처럼 멀리 있는 별을 무엇을 근거로 온도를 측정하고 환경을 예측하는 것일까. 사람들은 이것도 과학자들이 어련히 알아서 정확히 했겠나 생각하지만, 이들이 직접 목격한 것도 아니고 만인이 공감할 수 있는 데이터를 가진 것도 아니다. 희미한 별의 모습에서 희미한 별의 양쪽 끝을 재고 그 엄청난 거리의 오차를 감수하면서 한없이 숫자로 계산해내거나 색깔로 판별하는 식이다. 기술과 장비가 많이 발달했다고 하지만, 결국은 식별하고 측정하고 계산하는 것 외에는 뾰족한 수가 없다.

이 프로젝트는 활발히 진행되어 최근에는 최첨단 케플러 망원경을 띄워 15만 개의 별을 관측한 결과 240여 개의 지구와 비슷할 것으로 추정되는 별을 찾고, 그 중 유력한 '케플러-22b'라는 별을 찾았다고 한다. 그러나 이 소식도 글리제 581g처럼 얼마 뒤면 잊혀지고 또 다른 별을 찾았다는 뉴스를 접하게 될 것이다. 이 과정에서 사람들은 막연히 지구와 비슷한 환경의 별이 있을 거라 믿게 되고, 언젠가는 그런 별을 찾게 될 것으로 생각하게 된다.

지구는 창백한 푸른 점에 불과한가?

칼 세이건이 저서 『창백한 푸른 점(Pale Blue Dot)』에서 말했듯이 지구는 정말 우주라는 커다란 경기장의 작은 무대에 불과한 곳일까? 칼 세이건은 광대한 우주에 이런 점이 수십 억 개나 있으므로 지구도 그와 같은 시각으로 봐야 한다고 늘 말했었다. 또 외계 문명은 반드시 진화의 과정을 거쳐 우리보다 낫든 못하든 존재한다고 믿었다.

▶ 칼 세이건의 『창백한 푸른 점』

그는 지구에 방문할 수 있는 정도의 기술을 지닌 가상의 존재들에게는 매우 호의적인 입장이었기 때문에, 공상과학에 나오는 것 같은 침략자의 이미지로 외계 문명을 바라볼 필요가 없으며, 그들의 문명 발달 자체가 월등한 조화와 공존의

▶ 우주의 비밀을 찾아가는 영화 〈콘택트〉

노하우에 기인하므로 염려할 필요가 없다고도 했다.

〈콘택트〉라는 영화의 실제 주인공이자 원작 소설의 저자인 칼 세이건은 우주에 신호를 보내고 지구로 오는 신호를 기다리는 일을 반복했다. 특별한 신호는 돌아오지 않았지만, 그의 시도 자체가 외계 문명의 존재 가능성을 보여 주는 것처럼 세인들은 생각했다. 그가 보낸 신호는 외계에 문명이 있다면 해독할 수 있는 여러 숫자와 지구의 원소들에 대한 소개 및 인간의 모습, 그리고 지구 문명에 대한 각종 기록들이었다. 각국의 인사말과 함께 한국어 '안녕하세요'가 녹음된 골든 레코드도 있다.

물론 칼 세이건은 인품으로 볼 때 덕망이 있는 사람이었던 것 같다. 그래서 그의 말에 더 신빙성이 있었을 것이고, 해박한 지식과 인류 평화를 위한 노력 등이 높이 평가 받았기 때문에 가능했던 일일 것이다. 그러면 이런 진화에 대한 자신감과 확신은 어디에서 오는가? 많은 정·재계 인사들은 왜 그의 설득에 많은 예산과 지원을 아끼지 않았는가? 그 핵심은 바로 진화에 대한 믿음, 진화가 정설로 받아들여지는 사회 분위기 때문이었다고 할 것이다.

우주에 또 다른 문명이 들어서는 것이 가능하다고 믿는 것은 '화학적 진화설'의 가능 여부에 따라 크게 달라진다. 그래서 칼 세이건도 『코스모스』에서 화학적 진화에 대해 자세히 설명하고 있다.

무기물이 세포가 되는 화학적 진화는 가능한가?

우주가 어떻게 해서 생겼는지는 아무도 모른다. 여러 가지 학설이 있지만 입증이 가능하거나 논리적으로라도 이해가 가는 학설이 전무하다. 그 가운데서 그래도 많은 이들이 진실로 믿고 있는 빅뱅설이 가장 유명하지만 이 역시 소설에 가까운 이론이다.

이 빅뱅(Big Bang)이라는 개념은 수학자 프리드만(A. Freedman)과 조지 가모프(G. Gamow)의 이론인데, 프레드 호일(F. Hoyle) 경은 이 이론을 조롱하기도 했다.

> 빅뱅 이론은 우주가 한 번의 대폭발로 시작되었다고 한다. 대폭발은 단지 물질을 조각조각 분산시켜 던져버리는 것으로 끝나지만, 빅뱅은 신비스럽게도 반대 효과로 물질을 응집시켜 은하계를 형성시켰다는 것이다.
>
> - Fred Hoyle, quote by W. R. Bird, "The Origin of Species Revisited", Nashville : Thomas Nelson. (1991) pp. 405-406

빅뱅은 이후로 여러 차례 수정되어 오다가 지금은 스물세 개 이상의 서로 다른 대안들이 나왔다 사라지기를 반복하며 이제 낡은 이론이 됐지만, 아직도 대다수가 이 이론을 정설로 알고 있고 이를 기반으로 다양한 다큐멘터리도 제작되고 있는 실정이다.

이 이론에 따라 우주가 생성되어 우리 인간까지 이른 과정을 칼 세이건을 비롯한 대부분의 진화론자들은, 각 민족과 종교의 창조설화에 다수 등장하는 이른바 '우주의 알(Cosmic Egg)'이 대폭발을 일으켜 점차 팽창하면서 오늘의 우주에 이르렀으며 지구는 그 중 일부라고 주장한다.

> 이것이 바로 우주의 대서사시다. 대폭발에서 은하단, 은하, 항성, 행성으로 이어지고, 결국 행성에서 생명이 출현하게 되고 생명은 곧 지능을 가진 생물로 진화하게 된다. 물질에서 출현한 생물이 의식을 지니게 되면서 자신의 기원을 대폭발의 순간까지 거슬러 올라가 인식할 수 있다니, 우주의 대서사시가 아니고 또 무엇이겠는가!
>
> — Carl Sagan, "Cosmos" (1984), 『코스모스』, 사이언스북스, (2006) p.487

과연 이것은 한 편의 드라마인가, 과학인가? 여기에서 가장 중요한 핵심은 과학으로 전혀 알 수 없는 그 모든 것이 담겨 있던 우주의 알이 어디에서 왔는가 하는 것보다도 과연 가스 덩어리나 먼지 같은 '물질'이 어떻게 진화하여 지능을 지닌 존재가 되느냐 하는 것이다.

이것도 물론 화학적 진화라는 이론적 고리가 있다. 그러나 전혀 불가능한 이론임은 물론 '생명은 생명에서만 나온다'는 명제를 조금도 흔들 수 없는 비논리적 추측이다.

화학적 진화설의 시나리오는 그들이 추측한 원시대기와 원시바다에서 시작된다. 지구가 운석의 대충돌 등으로 생성된 후에 대기 환경이 조성되고 바다가 생겼는데, 유기물로 가득한 원시수프 상태로 존재했다는 것이다. 무기물이 유기물로 되는 것이 가능할 수 있지만 그렇다고 생명 활동이 가능해지는 것은 아니다. 이런 유기물들에 고압의 번개가 치면 그 물질들에 막이 생겨 코아세르베이트라는 물질이 되고, 이것이 단순한 원시세포가 되어 결국 생명의 단서가 된다는 것이다. 이런 과정은 이것을 주장한 과학자들의 이름을 따서 '오파린-할데인 가설'이라고 부른다.

이것은 유명한 밀러(S. Miller)와 유레이(H. Urey)의 실험으로 입증된 것처럼 알려져 있으나 그렇지 않다. 사실 플라스크 안의 물에 고압의 전기를 방전시키는 등의 실험을 통해 아미노산을 합성한 것인데, 이것을 생명의 단서로 잘못 이해하고 있는 것이다. 플

▶ 아미노산 생성 실험을 재현하는 스탠리 밀러 박사

라스크에 주입한 환원성 원시대기와 유기물을 원시바다로 전제한 것도 문제지만, 그 실험에 전기 방전이라는 방식을 사용하는 것은 사실 유기물을 파괴하기 때문에 오히려 도움이 되지 않는다.

그 때문에 대부분의 현명한 과학자는 이 실험을 인정하지 않으며 화학자 샤피로(R. Shapiro)는 '밀러의 실험은 과학이 아닌 신화'라고 말한 바 있다(1986).

밀러와 유레이 자신도 그렇게 추출된 아미노산이 생명으로 발전하는 것은 불가능하다고 밝히기도 했는데, 그들이 만든 아미노산은 생명과 전혀 관계가 없다. 파스퇴르가 선언한 것처럼 두 아미노산의 형태는 생명과 무생명의 명확한 경계선이 되기 때문이다(145쪽 참고).

이 밖에도 시드니 폭스(S. Fox)의 마이크로스피어 실험도 있지만, 이것 역시 과학계에서는 폐기된 이론이다. 결론적으로 그들에게 꼭 필요한 화학 진화설은 하나의 신화이다. 그래서 지구가 아닌 다른 어떤 곳에서도 먼지나 물이나 가스가 생명체로 탈바꿈할 수 없다는 결론이 나온다. 최소한 현재까지의 과학으로는 불가능하다. 그러므로 30년도 넘은 책 『코스모스』의 이론은 그의 문체처럼 서사적이고 드라마틱할 뿐 과학적이지는 않다.

드라마가 아닌 과학으로 말하라

칼 세이건은 『코스모스』를 비롯한 자신의 책들에서 많은 창조설화와 신화와 경전과 고대 과학은 물론 다양한 가설에서 철학까지 동원해 우주과학의 위대함과 우주 개발의 당위성을 잘 설명하는 대중적 지성의 과학자이자 작가였다.

그러나 그가 동원한 많은 이야기들처럼 그의 논리 전개는 친절한 설명과 풍부한 지식으로 이루어져 있는 듯하지만, 사실에 의거한 명확한 해설은 해내지 못하고 있다. 화학적 진화의 불가능함을 소개했지만, 사실은 그 이전에 이루어졌어야 할 지구과학적 증거도 없고, 우주에 대해서도 아는 이

▶ 칼 세이건의 베스트셀러 『코스모스』

가 없다. 그래서 오늘날에도 많은 학설들이 전개되고 있는데, 유력한 우주과학자가 등장할 때마다 새로운 학설이 발표되고 잊혀지기를 반복하고 있다.

21세기에 들어서 광입자가속기 등으로 우주의 탄생 비밀을 밝혀 보겠다며 많은 과학자들이 흥분했지만, 기계의 고장과 다양한 문제들로 계속 미뤄지고 있다. 미 항공우주국 등에서도 대형 실험 장치를 통한 우주의 비밀 밝히기 프로젝트가 진행 중이다.

광대한 우주의 비밀은 아무도 그것을 재현해 보여 줄 수 없다. 이는 진화론자들의 반대편에 서있는 지적 설계론자들이나 창조론자들도 마찬가지다. 모든 사람은 그것을 논리적으로 증명하는 시도를 할 수는 있지만, 자신들의 가정이나 가설을 정설로 강요해서는 안 된다.

그런데도 진화론자들은 그것만이 과학이고 학문인 양 모든 길을 가로막고 진화론만을 강요하면서 중세까지의 창조론이 우세했던 때를 대단한 무지와 횡포의 시대로 폄하하고 있다. 과연 그들의 지혜는 과학적 논리에 바탕을 둔 것인가? 왜 모두가 납득할만한 증거나 논리도 없으면서 그것을 공식 과학으로 다루기를 두려워하지 않는 것인가.

이제 조금 솔직해질 필요가 있다. 진화론자들은 진화론의 주장이 틀린 것으로 드러나는 일이 두려운 것이 아닌가? 진화론이 아니면 철학적 종교적 신념을 급선회해야 하는데 그것이 용납되지 않기 때문인가?

왜 세계의 30~40%는 진화론을 받아들이지 않는가? 또 진화론 안에서는 왜 많은 상반된 논리들이 서로 다툼을 벌이는 것인가? 왜 이 모든 것을 외면하고 그저 어떻게든 여기까지 진화해왔다고 믿는 것인가?

"지구는 우주라는 거대 경기장의 매우 작은 무대이다." 이것은 칼 세이건이 원하는 것일 뿐 과학이 아니다. 지구 말고는 어디에도 생명체의 증거가 없기에 드레이크 방정식의 확률을 들고 나와도 달라지는 것은 없다. 은하계와 온 우주에 아무리 많은 별이 있어도 지구에서 일어나지 못한 일은 외계 어느 곳에서도 일어날 수 없기 때문이다. 지구의 물질이 다른 행성에서는 전혀 다른 역할을 할 수도 있다는 식의 가정은 비논리이다.

지구는 코스모스의 한 구석에서 우연히 발생하여 존재하게 된 창백한 푸른 점이 아니라, 논리적으로 설명이 불가능한 놀라운 법칙들이 기적적으로 맞아 떨어져 한 치의 오차도 없이 숨 쉬고 있는 우주 유일의 생명 공간이다. 적어도 지금까지는, 과학의 논리가 밝혀낸 선까지는 말이다.

4
토머스 헉슬리 *Thomas Huxley*
다윈의 불도그로 불린 생물학자

"바보! 이런 것을 왜 진작 생각 못 했을까?"
"On the Reception of the Origin of Species" - Thomas Huxley

다윈과 동시대를 살았던 진화론의 홍보자

영국의 토머스 헉슬리(1825~1895)는 8세에 공립학교에 입학해 10세에 자퇴한 후 외과 보조원 등으로 일했다. 그는 다윈의 기원에 관한 이론을 처음 접한 후 크게 감탄했고, 이후 앨프리드 월레스(A. Wallace)와 함께 '다윈의 불도그'라는 별칭을 얻을 정도로 찰스 다윈 이론의 열렬한 옹호자로 알려져 있지만, 그가 주장한 진화론은 다윈과 많은 차이가 있다. 그럼에도 불구하고 그의 저서 『자연계에서 인간의 위치(1863)』는 『종의 기원』의 쉬운 해설서로 잘 알려져 있다. 토머스 헉슬리는 기원이나 신에 관한 진리 면에서 아무도 진실을 알 수 없다는 뜻의 '불가지론(不可知論, Agnosticism)'이라는 단어를 처음으로 쓴 인물이기도 하다.

> **❝ 원숭이가 조상이라는 사실보다
> 진실을 왜곡하는 인간이 더 부끄럽다?
> 누가 기원에 관한 진실을 왜곡했는가? ❞**

유명한 윌버포스와의 논쟁

1860년 6월 30일, 옥스퍼드 대학의 자연사박물관에서 열린 강연장에서는 다윈의 『종의 기원』을 둘러싼 찬반 토론회가 열렸다. 옥스퍼드 대학의 주교 새뮤얼 윌버포스(S. Wilberforce)는 리처드 오웬(R. Owen) 등과 함께 진화론을 비판하고, 후커(J. D. Hooker)와 토머스 헉슬리는 진화론을 옹호하고 있었다.

윌버포스 주교는 "당신들의 조상 중에는 원숭이가 있다는 거로군요. 그렇다면 그 원숭이는 당신들의 할아버지 쪽 조상입니까, 아니면 할머니 쪽 조상입니까?"라고 물었고, 논쟁 끝에 헉슬리는 이렇게 말했다고 전해진다.

"나는 원숭이가 내 조상이라는 사실이 부끄러운 것이 아니라, (당신처

림) 뛰어난 재능을 가지고도 사실을 왜곡하는 사람과 혈연관계라는 점이 더욱 부끄럽습니다."

강연장은 들썩였고 박수와 함성이 터져 나오기도 했다고 한다. 많은 설전이 있었음에도 헉슬리의 이 말은 청중들에게 각인된 말이 되었고, 당시에는 윌버포스의 말에 설득력이 더 있었음에도 불구하고 세월이 지난 오늘날에는 윌버포스가 편견으로 과학을 무시한 발언을 한 사람이 되었고, 헉슬리의 말이 함축된 촌철살인의 정당한 공격이자 정설로 통하고 있다. 그렇다면 그 '정설'이라는 것은 진정 정설로서 자격이 있는 이론일까, 아니면 그저 '설'에 불과한 것일까.

토머스 헉슬리는 다윈의 신봉자였는가?

먼저 토머스 헉슬리는 다윈주의와 조금 다른 길을 걸었다는 기록이 있으며, 조심스러운 성격의 다윈은 그와의 논쟁을 피했다고 전해진다. 헉슬리는 다위니즘, 즉 창조론 일변도의 세계관에 처음 포문을 연 기원설에 열광한 것이지만 점진적 진화 이론과 꼭 똑같은 관점을 지녔던 것은 아니다. 에른스트 마이어(E. Myre)의 『진화론 논쟁(One Long Argument, 1991)』에 의하면, 다윈이 공동 후손의 개념, 종의 증가, 단계주의, 자연선택을 모두 채택한 반면 토머스 헉슬리는 이 가운데 공동 후손 개념만 받아들이고 종의 증가와 단계주의는 거부했으며, 자연선택도 전적으로 수용하지 않았다고 한다.

다윈의 진화 이론은 많은 이들에 의해 보완되고 수정되어 현대에는 종합설로 발전될 정도로 더 이상 이론들 자체에 의미가 있지 않고, '우연히 저절로 발생해 공통조상에 의해 여기까지 왔다'는 상상력에 보내는 부동의 지지일 뿐인데, 많은 설이 다윈 이론을 보완하면서까지 그 전제를 포기하지 않는다는 것을 볼 수 있다. 헉슬리 역시 마찬가지였다. 그럼에도 헉슬리는 처음에 진화론을 접했을 때 크게 감명을 받았다.

"바보! 이런 것을 왜 진작 생각 못 했을까?"

- Thomas Huxley, "On the Reception of the Origin of Species".
In F. Darwin (ed.), "The Life and Letters of Charles Darwin",
Including an Autobiographical Chapter, Vol. 2 (1888) p.197

이 말에는 기존의 세계관에 대한 평소의 불만스런 문제 제기가 담겨 있다. 뭔가 다른 대안이 있어야 하겠는데 그것을 찾지 못해 답답하다는 것이다. 다윈이 이런 이론을 생각해 낸 것은 20~30대 정도의 젊은 시절이다. 물론 자연발생과 진화에 관한 이론이 오래전부터 있었고, 다윈은 그 방법론으로 '자연선택' 이론을 주장했으며, 그 이론을 월레스라는 박물학자의 동일한 견해와 함께 나중에 발표했지만 말이다. '젊은 다윈도 생각할 수 있었던 것을 나는 왜 생각하지 못 했을까'라는 자조적인 물음과 함께 기원에 관한 고민에 해답을 준 학설에 대한 반가움이 함께 담긴 듯 보이는 말이다.

다윈의 판타지 자연선택

『종의 기원』은 1859년에 발표되었는데 그 때 토머스 헉슬리가 약 34세였다. 그는 독학으로 방대한 지식을 쌓아 의학은 물론 동물과 생물학에 많은 지식을 터득했고, 이를 바탕으로 1863년에 『종의 기원』에 관한 해설서를 썼다.

찰스 다윈은 연구 실적이 대단히 뛰어나거나 천재적인 사람은 아니었다. 그는 오히려 상상력이 뛰어난 사람이었다. 이런 일개 박물학자가 변변한 현미경 하나 없는 시대에 동물과 생물의 기원과 인류의 기원에 관한 단초를 발견하고 대결론을 지었는데 왜 그토록 많은 사람들이 헉슬리처럼 열광했을까?

지금 같은 시대에도 그런 일이 가능할까? 아마 절대로 불가능할 것이며 세계적인 석학이 이론을 편다 해도 다윈의 편을 들었던 사람들의 수만큼 폭발적 지지를 얻기는 힘들 것이다.

토머스 헉슬리를 비롯한 당대의 많은 사람들은 다윈이 창조한 드라마가 마음에 들었던 것이다. 그것이야말로 우주와 지구와 인간이 창조되었다는 이야기보다 훨씬 매력적인 이야기였을 것이다.

종교의 자유와 생각의 자유를 빼앗겼다는 불만에 가득 찬 사람들의 판타지에 불을 댕긴 것이 자연선택에 의한 진화론이었고, 이는 토머스 헉슬리의 말처럼 매우 간단할 수도 있는 일종의 스토리텔링 기법 같은 것이었다.

원숭이는 정말 헉슬리의 조상인가?

그러면 토머스 헉슬리와 우리의 조상은 정말 원숭이인가? 과학자라면 과학자답게 스토리가 아닌 과학과 증거로 말해야 한다.

화석의 잃어버린 고리(missing link; 중간 고리)가 나와도 수만 개는 나올 수 있는 시간이 충분히 지났고, 2억 점 이상의 화석이 존재하는 지금 시대로 계산해 보자. 원숭이와 인간의 공통조상이 같다는 단서가 하나라도 있는가? 소설에 가까운 상상이나 화가들을 동원한 삽화 말고 과학적 증거로 말이다.

그들이 애써온 100여 년 간 인류기원에 관한 그림들은 발굴과 끼워 맞추기 작업과 조작, 그리고 그럴듯한 모식도와 삽화로 꽤 많은 사람들을 속여 왔다. 그것은 발음하기 어렵고 그럴듯해 보이는 이름들로 우리의 머릿속에 남아 있다. 아니, 지금도 많은 이들이 믿고 인정하고 있다. 오스트랄로피테쿠스(루시, 원숭이로 분류), 라마피테쿠스(오랑우탄), 베이징원인과 자바원인(원숭이), 네안데르탈인(하이델베르크인, 크로마뇽인과 함께 현생 인간), 네브라스카인(야생 돼지), 스컬 1470(의도적 조작), 필트다운인(가장 큰 사기극) 등 많은 이름들이 거짓이거나 그들 스스로 오류임을 인정하는 것으로 이미 오래전에 밝혀졌다.

물론 아무리 진실을 말해도 믿기 싫어하는 이들을 통해 아직도 교과서와 박물관의 전시

▶ 오스트랄로피테쿠스와 발견자 레이먼드 다트(R. Dart) 박사 (1924)

물과 과학서적과 온라인 자료들을 통해 여전히 인정받기도 하지만 말이다.

토머스 헉슬리는 스스로 양심적인 과학자이고 싶었을 것이다. 그래서 원숭이의 후예라는 께름칙한 설정도 마다하지 않고 기존의 창조론만 강요하는 주교를 향해 일침을 가했을 것이다. 그러나 이제 동물의 후예로 실추된 당신의 명예를 과학이 회복시켜 줄 수 있을까?

토머스 헉슬리 역시 동물의 후예가 아니었다는 것은 눈부시게 발전한 과학이 말해주고 있다. 종은 서로 섞인 적이 없으며 그것은 원숭이와 인간 사이에서도 마찬가지였다. 누군가 그들을 '영장류'로 함께 분류해도 달라지는 것은 없었다. 최소한 과학은 그것을 지지하는 증거를 찾아내지 못했다. 원숭이 또는 유인원과 인간의 메커니즘에는 뇌와 언어와 신체 구조 면에서 뛰어 넘을 수 없는 엄청난 간격이 존재하며, 그 간격이란 불가능하다는 측면에서 마치 아메바와 인간의 간격과 동일하다고 할 수 있다. 이제 헉슬리는 원숭이를 조상으로 두고 싶어도 그럴 수 없으니, 이것이 어떤 의미에서는 존엄한 인간으로의 명예회복을 이룬 것이 아니고 무엇인가?

그는 창조의 타당함을 인정했나?

토머스 헉슬리의 또 다른 말을 보면 그가 맹목적으로 진화론만을 믿은 것은 아닌 것 같다. 최소한 진화에 증거가 없고 그것이 기원적으로 불가능하다는 것을 인지할 때 다음과 같은 생각을 하게 될 것이다.

> ……언어의 일반적인 개념으로 볼 때 '천지창조'는 완전히 상상 가능하다. 천지창조 이전 시대에는 이 우주가 존재하지 않았으며 6일 동안에……어떤 존재 이전의 존재 의지의 결과로 우주가 그 모양을 드러냈다고 생각하는 것은 별 무리가 없다.
>
> - Leonard Huxley, "Life and letters of Thomas Henry Huxley", London : Macmillan, Vol. 2. (1903) p.429

물론 그가 창조나 지적 설계의 개념을 받아들인 것은 아니지만, 그 존재가 누가 됐든지 어떤 시작이 있지 않고는 진화든 종의 증가든 일어날 수 없다고 생각하는 것이 상식임을 인정한 대목이라고 볼 수 있다. 그가 이룬 연구와 논쟁은 기원과 근원에 관한 자신의 의구심이나 탐구 정신을 드러낸 것이 분명할 것이다. 그러나 그는 진화론이라는 가설을 선택했다. 다윈의 홍보자인 그의 양면적인 발언, 그리고 다윈의 이론과 다른 진화 학설들을 선택하고 믿은 것은 진화론이 무엇인지 잘 보여 주는 사례라고 할 수 있겠다.

| 세계단일정부를 꿈꿨던 줄리언 헉슬리의 세계관 |

"진화론적 인본주의자, 그 조부에 그 손자?"

▶ 토머스 헉슬리와 손자인 줄리언 헉슬리

토머스 헉슬리에게는 세 명의 유명한 손자가 있다. 바로 생물학자인 줄리언 헉슬리(Julian Huxley, 1887~1975)경과 『멋진 신세계』의 작가 올더스 헉슬리(Aldous Huxley), 그리고 그들의 이복형제인 노벨 의학상 수상자 앤드류 헉슬리(Andrew Huxley)이다.

그중 가장 영향력 있는 사람은 역시 줄리언이었다. 과학의 대중화에 기여한 줄리언 헉슬리는 다윈 훈장을 받을 정도로 뼛속까지 진화론자였다. 그는 또한 활동 영역을 넓혀 유네스코(UNESCO, United Nations Educational, Scientific and Cultural Organization, 국제연합교육과학문화기구) 사무총장까지 지냈으며(1946~1948) 기사 작위를 받기도 했다.

유네스코준비위원회 사무국장이기도 했던 그는 '유네스코 정책'의 초안을 마련하면서, 유네스코의 철학이 진화론에 기초해야 한다고 주장했다.

진화론적 관점에서 사람의 운명은 매우 단순하게 요약될 수 있다. 그것은 '최소 시간에 최대 진보를 이루는 것'이다. 이것이 왜 유네스코의 철학이 진화론적 배경을 가져야 하며, 왜 진화 개념이 이 철학에서 중심적 위치를 차지해야 하는지에 대한 이유이다.

유네스코의 모럴은 분명하다. 그 과제는 결코 달성된 적이 없었던 평화와 안전을 촉진하기 위한 과제를 교육, 과학, 문화 등을 통해 실현하는 것이다. 세계적 정치기구를 만들어, 전쟁을 피하기 위한 확고한 수단으로 세계단일정부 수립에 대한 계획을 세워야 한다.

- Julian Huxley, "A Philosophy for UNESCO(1946)",
The UNESCO Courier(Paris), (1976) pp.14, 23

진화론은 전 세계인이 채택한 가설이 아니다. 공공연하게 진화론을 철학으로 이런 세계적 기구를 만드는 것은 이를 주도하는 국가들이 세계를 선도하고 진보를 이룰 수 있다는 우월함에서 비롯되는 것이다. 이런 것은 우생학적 개념과도 통하는데, 그 이유는 줄리언 헉슬리가 바로 영국 우생학회 회장을 역임한 인물이기 때문이다. 또한 1937년과 1962년에는 골턴 기념 강사로 활동하기도 했다.

그러므로 유네스코는 겉으로 무엇을 표방하든 그 철학은 진화론적 세계관을 실현할 도구로 시작되었음을 알 수 있다. 물론 유네스코에 동참

▶ 줄리언 헉슬리

하고 있는 대부분의 국가들은 이런 배경보다는 외적인 화합이나 자국의 문화 발전과 세계와의 교류를 위해 참여하고 있을 것이다.

줄리언 헉슬리는 자신의 저서 『새 술은 새 부대에(1957)』를 통해 전 우주가 동일한 세계자질(world-stuff)로 구성돼 있다고 했다. '세계자질'이란 한마디로 '물질'인데, 우주의 구성요소가 단지 물질에만 국한되지 않고 정신적 요소가 있으므로 실용주의 철학자 윌리엄 제임스(W. James)를 따라 그런 표현을 사용한다는 것이다. 아무튼 우주는 동일한 것으로 구성돼 있다고 주장한다.

> (세계자질, 즉 물질이) 어떤 형식으로 -가령 인간의 육체와 두뇌라는 형식- 조직되면 이것은 물질적인 활동은 물론 정신적인 활동도 할 수 있다는 것이다. 더욱이 동물을 연구해 보면 경험, 지식, 개념, 관념을 누적적으로 전달하는 인간의 본능적인 능력을 제외하면 인간과 동물의 행위 사이에 뚜렷하게 구분할 선이 없다는 것이 밝혀지는 것이다.
>
> - Julian Huxley, "New Bottles for New Wine(1957)",
> "새시대 새사상 : 새 술은 새 부대에", 교학사, (1978) p.182

어떻게 생물학자로서 간단히 풀어낼 수 없는 인간 정신의 오묘함을 이토록 가볍게 다룰 수 있을까? 어떤 설명도 없이 그는 인간과 동물 사이에 뚜렷한 구분점이 없다고 말하고 있다. 또한 그는 앞으로의 나아갈 방향도 제시한다.

> 인간은 이 유성 위의 진화과정이 낳은 최고 형태의 생명이며, 가장 최근의 지배형이며, 더 한층 크게 전진 내지 진보할 수 있는 단 하나의 유기체이다. ……생물 진화의 과거사는 우리에게 하나의 더 나은 지침을 마련해 준다. 우리는 마땅히 주요한 진보의 방향 중 일부를 바탕으로 미래를 추리할 수 있으며……

- 같은 책 p.182

인간은 최고로 진화한 상태의 생물이며 앞으로 더 진화할 수 있다는 말인데, 인간의 진보에 관한 지침은 과거의 생물들이 진화해온 방법과 방향에서 얻을 수 있다는 것이다. 말하자면 인간도 – 물론 조금 더 정신적이고 지성적이긴 하지만 – 자신들보다 열등한 존재들이 투쟁과 자연도태 등의 방법으로 진화해 왔듯이 같은 방법으로 진보를 추구하면 된다는 의미이다. 이는 그의 우생학적 행보들과도 일치하는 내용인데, 같은 책에서 직접적으로 밝히고 있다.

인간 개체의 완전한 발전과 인간 가능성의 성취가 우리 진화의 우선적 목적이라면, 영양실조와 빈곤을 가져오고, 또 세계의 물적 자원이나 그것의 미적, 지적 만족의 자원을 잠식하는 인구 과잉은 악이 되는 것이다. 진화적 휴머니즘은 또한 우생학적 함축도 지니고 있다. 이러한 것들은 당장은 대체로 이론적인 것이지만, 때가 되면 널리 실제적인 것이 될 것이다. ……효과적이고도 수락할 만한 우생학적 정책을 수립하는 일은 시급할 뿐 아니라 고무적인 과업으로 여겨질 것이며, 그에 대한 정치적 또는 신학적 방해는 부도덕한 것으로 여겨질 것이다.

- 같은 책, pp.209-210

우생학적인 법과 주장들이 슬그머니 자취를 감추는 상황이었던 1950년대에 이런 노골적인 주장을 할 수 있었다는 것은 그의 고질적인 우월주의 관점을 드러내는 것이다. 그가 원하는 우생학적 조절은 누가 주도한다는 것이며, 그들은 어떤 권리로 어떤 과정을 통해 인구 조절과 열등인자 축소를 실현하겠다는 것이었을까?

이들에게 그런 오만한 권한과 당위성을 부여하는 것이 바로 진화론이다. 진화의 역사에서 볼 수 있듯이, 강자가 약자를 지배하는 것이 악하거나 폭력적인 일이 아니라 자연의 선택이라는 개념이 이런 일을 뻔뻔히 주장하고도 지금껏 세계적인 학자와 사상가로 영향력을 발휘하게 하는 것이 아닌가. 이들에게 억압받으면서도 그것이 진실이자 과학인 줄 아는 우생학의 '마이너리거'들에게 진화론은 오늘날까지 군림하고 있다.

이런 우생학의 망령은 물밑에 가라앉은 듯 보이지만 지금도 여전히 세계를 위협하고 있다. 줄리언 헉슬리가 설계한 세상은 여전히 진행 중이다. 단일정부를 꿈꾸는 자들은 세계를 자신들의 신세계 질서(New World Order)로 지배하고 획일화하려 한다. 이것은 단순한 지배체제가 아니라 하나의 종교로서 존재한다. 이미 100년이 넘은 이 종교는 바로 뉴에이지 사상이다.

> ……20세기의 인간은 운명을 다루는 새로운 기관, 인간과 그의 사회가 이제 존재해야만 하는 상황에 적응된 새로운 신앙과 태도의 체제, 따라서 인류 전체의 보다 훌륭한 적응을 위한 기관 – 바꾸어 말해서 새로운 종교의 필요성이 명백하다.
>
> - 같은 책, p.214

자, 이제 진화론의 정체를 알아야 한다. 이것은 믿음의 체계이며 그 자체로 종교이거나 어떤 종교를 뒷받침하는 강력한 사상이다. 이 사상은 인간에게 유익하지도, 새로운 세상을 가져다주지도 못한다. 오직 투쟁과 승패뿐이며 이긴 자도 그저 좀 더 머물다 가는 시간을 늦출 뿐 모두가 패자이다. 아무런 의미가 없는 존재들의 행렬에 지나지 않는다.

▶ 줄리언 헉슬리의 동생 올더스 헉슬리

진화론에서는 인간이 아무리 지적이어도 자기 욕구를 위해서는 무슨 일이든 할 수 있는 가장 진보한 동물에 지나지 않는다. 그래서 줄리언의 동생인 올더스 헉슬리는 『자칭 무신론자의 고백』에서 이런 내용의 말을 남겼다.

나는 세상이 무의미하기를 바란다. 무의미의 철학은 자유를 위해 꼭 필요한 것이다. 내가 원하는 자유란 모든 정치제도와 경건함과 도덕적인 제약으로부터의 자유인데, 도덕성에 반대하는 이유는 그것이 성적인 자유를 방해하기 때문이다.

- Aldous Huxley, "Confessions of a Professed Atheist,"
Report: Perspective on the News, Vol. 3. (1966) p.19

과연 맞는 말이다. 거추장스러운 도덕이나 절제는 버리라고 진화론은 부추기고 있다. 우리는 아무 의미 없는 존재이며 본능에 충실하면 그것이 바로 자연의 선택이라는 것이다. 이런 것이 그 대단한 다윈의 불도그를 할아버지로 둔 헉슬리 형제의 저급한 시각이다. 그리고 그런 사상을 토대로 형성된 것을 우리의 자녀들이 참된 과학으로 배우고 있다. 결국 사이비 과학을 바로잡는 것이 얼마나 중요한 일인지 헉슬리 가문은 역설적으로 보여 주고 있는 것이다.

5
스티븐 굴드 *Stephen J. Gould*
점진적 진화론을 부정한 진화학자

"명화를 남긴 구석기인들은 우리 같은 호모 사피엔스다."

"Leonardo's Mountain of Clams and the Diet of Worms" - Stephen J. Gould

단속평형설을 주장한 세계적 진화론자

스티븐 제이 굴드(1941~2002)는 미국의 고생물학자이자 진화생물학자이다. 하버드 대학교 교수였던 그는 잘 알려진 교양과학 작가이기도 했다. 굴드는 다윈 식의 점진적 진화론, 즉 지금과 같은 속도의 느린 변화로 점진적으로 이루어지는 진화 이론을 반대한 사람이다.

그는 1972년에 가장 가까운 동료인 나일스 엘드리지(N. Eldredge)와 함께 단속평형설을 발표했다. 생물이 상당 기간 안정적으로 종을 유지하다 특정한 시기에 종의 분화가 집중되면서 돌연변이에 의한 진화가 이루어진다는 이론으로, 일명 '바람직한 괴물(hopeful monster) 이론'으로 통한다. 『다윈 이후』, 『판다의 엄지』 등의 저서가 널리 알려져 있다.

> **수만 년 전의 사람들이 동굴에 거장 수준의 명화를 남긴 것에 대해, 그들도 호모 사피엔스라서 가능했다는 주장은 논리적인가?**

종의 정지는 명백한 진실

본 주제에 들어가기 전에 굴드의 학설을 검토해 보자. 굴드는 진화된 종들 사이의 중간 형태는 거의 찾아보기 어렵고, 그것은 단지 점진적 진화론을 주장하는 이들의 머릿속에만 있다고 주장한 것으로 유명하다. 이는 기존의 동일과정설적 진화론, 그러니까 모래시계가 일정하게 모래 알갱이를 떨어뜨리듯이 예전이나 지금이나 똑같은 과정을 통해 서서히 진화가 이루어졌을 것이라는 기존의 진화론에 증거가 없음을 인정한 것이다. 그 이유는, 명백한 중간 형태의 화석 같은 것이 전혀 발견되지 않는 것은 물론, 그런 중간 단계의 생물들도 현 시대에 전혀 없기 때문이다.

이는 굴드가 말했듯이, 고생물학자들에게는 당연시되는 문제이다. 이제는 새로 분류되는 시조새의 화석 등 타당성이 붕괴된 화석 몇 점에 의지한 과학이란 존재할 수 없기 때문에 당연히 부정되고 있는 것이다. 그래서 그는 인류 화석 등에 대한 사항들은 인정하고 증거로 채택하면서도 도킨스 같은 지독한 다윈주의자와 진화의 전제조건에 대해 대립할 수밖에 없었던 것이다. 그는 엘드리지와 함께 매일같이 '중간 종에 대한 데이터는 아예 없다'고 되뇌이면서 제법 학자다운 양심적 면모를 보이기도 했었다.

> 극히 희박한 과도기 형태의 화석 기록들은 고생물학자들의 비밀스런 거래 속에만 존속한다. 대학 교재에 꾸며진 진화의 나무 가지에 매듭과 끝의 자료만 매달려 있을 뿐이며, 나머지는 화석들의 증거가 아닌 적당한 추론일 뿐이다. 다윈은 아직 점진주의에 집착하고 있고, 그는 이러한 융통성 없는 기록들의 부인에 자신의 이론을 내기 걸었다. 아무리 상세하게 관찰해 보아도 지질학적 기록들은 극히 불완전했고, 이런 사실은 왜 우리가 중간 종들의 불완전한 형태를 찾지 못하고, 멸종됐거나 현존하는 모든 생명체들의 형태 사이를 연결시켜 주지 못하는지 설명해 준다. 지질학적 기록들의 본바탕에 있는 부정적인 것들을 보는 자들은 그의 전반적 이론을 당연히 거부할 것이다.
>
> - Stephen J. Gould, "Natural History", (1977. 5) p.14

단속평형설은 무엇인가?

그렇다면 이처럼 다윈을 전반적으로 부인한 그의 진화 해석법은 과학적이었을까? 자료는 없고 상상력뿐인 점진적 진화론을 부정하는 방법은 데이터에 의존한 것이었을까?

굴드는 과학을 균형적으로 바라보고 오류를 바로잡는 시도를 많이 했다는 점에서 과학자로서의 책임을 지닌 사람처럼 보이지만, 그가 끝까지 놓지 못한 것은 역시 진화 자체에 대한 동의였다. 그 때문에 과학적으로 증거는 없지만 어쨌든 진화했다는 생각이 새로운 상상력을 동원하게 했다. 그들은 마치 용의자를 잡았으나 혐의가 없다는 판결에도 그를 풀어주지 않고, 그가 분명 다른 방법으로 범행을 했을 것이라 믿고 계속 추궁하며 소설에 가까운 조서를 꾸미는 무능한 경찰과 같다.

단속평형설은 과도하게 많은 자손을 퍼뜨리는 생물들의 과잉생산 습성을 들면서, 더 발전할 수 있는 돌연변이(바람직한 괴물)가 아주 단기간에 진화를 이루어 종을 변화시킨다는 이론이다. 너무 속성으로 진화하기 때문에 중간 종의 화석이 거의 없다는 것이다. 그렇게 진화가 되고 나면 종은 안정되어 아주 긴 시간을 평형상태로 머무르는데, 역시 이 기간에도 종이 안정되었으므로 중간 형태가 없다는 이론이며, 물론 지금도 그런 상태라는 것이다. 점진적 진화론이 깔끔하게 보완되는 것 같지만 어차피 이 이론 또한 증거가 없으며 목격자도 없다. 이것을 과학이라고 할 수는 없다.

▶ 영화 〈엑스맨〉

유전자변이로 탄생한 정의로운 돌연변이들, 이른바 '호모 슈피리어'들의 이야기를 다룬 브라이언 싱어(B. Singer) 감독의 영화 〈엑스맨(X-Men)〉이 있다. 사악한 변종집단과 싸우는 것이 이 영화의 구성인데, 여기서 내레이션으로 등장하는 내용이 있다.

"돌연변이는 인간 진화의 핵심 요소다. 인간은 작은 세포에서 지구상 가장 우세한 종으로 발전됐다. 그 과정은 매우 느려서 보통 까마득한 시간이 걸린다. 그러나 수백만 년마다 획기적인 진화가 이룩된다."

하지만 2편에는 다음과 같은 내용으로 조금 바뀐다.

"돌연변이는 진화의 핵심 요소다.……그러나 10만 년마다 급격한 진화가 있었다."

대개 46억 년이라는 지구의 역사 중에서 생물이 등장하여 진화한 기간 중 인간의 실마리는 약 360만 년 전에 시작됐다고 진화론은 말한다. 제1편의 언급이 일반 진화론이라면 제2편에서 '10만 년마다'로 바뀐 것은 단속평형설을 염두에 둔 것으로 보인다. 또한 아무리 길게 잡아도 '수백만 년마다'라고 표현할 때에는 설정상 엑스맨들이 (360만 년 전에 시작된) 인간의 변종이 아닐 수도 있게 되기 때문이다. 물론 말할 것도 없이 이런 엑스맨 돌연변이들은 영화를 위해 상상으로 탄생한 '바람직한 데다 정의롭기까지 한 괴물'들이다.

기존 진화론과 상충하는 단속평형설

'20세기의 다윈'으로 불리는 진화생물학자 에른스트 마이어는 『집단, 종 그리고 진화(Populations, Species, and Evolution, 1970)』에서 단속평형설을 반박하며 이렇게 밝히고 있다.

> 돌연변이에 의한 유전적 괴물 출현은 잘 확립된 현상이다. 그러나 이러한 괴물들은 단지 '절망적(바람직하지 않은)' 기형에 불과한 것이 너무도 명백하다. 이 괴물들은 너무도 비균형적이어서 (집단의) 안정화 과정을 거치는 동안 제거되지 않을 확률은 거의 없다고 봐야 한다.

▶ 에른스트 마이어

> 돌연변이가 과격하게 일어나 표현형에 더 많은 영향을 줄수록 (생존을 위한) 적응의 가능성은 더 희박해지는 것이다. 과격한 돌연변이에 의해서 새로운 생존형이 나타나 적응을 성공적으로 해나갈 것을 믿는 것은 마치 기적을 믿는 것이나 다름이 없다고 하겠다. 더구나 이 절망적 괴물은 맞는 짝을 찾아 정상적인 집단으로부터 떨어져서 번식으로 독자성을 확립해 나가야 할 터인데, 내가 본 견지에서는 이는 극복이 거의 불가능한 장애요소라 하겠다.
>
> - E. Mayr, "Populations, Species, and Evolution", Cambridge, Mass: Belknap Press. (1970) p.235

돌연변이는 해로운 쪽으로 탄생하므로 더 나은 종으로의 변화에 단초를 제공할 수 없다는 당연한 이야기다. 잘 알려진 초파리 실험은 천 단위의 세대로 자손을 번식시켜 보는 실험이었지만 모두 기형 형태의 돌연변이만을 가끔 생산했고, 종의 변화나 실마리 같은 것은 전혀 없었다. 돌연변이들은 모두 날개가 구부러졌거나 배가 뒤틀리는 등 기형이었을 뿐이었다.

한편 굴드가 진화만을 인정할 뿐, 다윈의 점진주의적 입장을 전반적으로 부정하고 있지만 가재는 게 편이라고, 에른스트 마이어는 단속평형의 실마리인 '바람직한 괴물 이론'을 부정하면서도 '단속평형설에서도 진화는 단계적으로 일어나기 때문에 다윈식 패러다임과 전혀 상충하지 않는다'고 저서 『진화론 논쟁』에서 밝히고 있다. 어떤 경우에도 진화는 전제돼야 한다는 것이다. 그래서 진화론은 그 안에서 다양한 학설이 생기고 없어지며, 궁극적으로 단속평형설도 다윈 이래 계속 진화이론을 보완해온 많은 이론들처럼 하나의 가능성을 제시한 것 이상의 의미는 없는 학설이다.

구석기인이 명화를 그릴 수 있나?

굴드는 과학 에세이를 통해 3만~1만 년 전 사이, 즉 구석기 시대에 그려진 것이 '분명한' 동굴의 벽화들에 대해 자신의 의견을 피력했다. 이 글을 쓴 이유는 사람들의 의문 때문이라고 여겨진다. 그 의문이란 당연히 예술 분야를 포함한 모든 활동 면에서 천천히 기술의 진보를 이루는 것이 일반적인데, 언어도 없고 돌도끼도 만들 줄 모르던 시대에 어떻게 이런 멋진 그림을 그릴 수 있었겠느냐는 의문이다. 진화론자들에게는 지층의 순서를 포기하든지 구석기인에게 이미 상당한 수준의 기술이 있었음을 증명해야만 하는 딜레마가 생기는 문제이다.

그 이유는 이들 벽화의 수준이 굴드도 말했듯이 미켈란젤로의 것을 보는 듯한 감동에 빠지게 만들 정도로 어느 누구에게도 이견이 없는 훌륭한 것이기 때문이다. 피카소조차 경탄해 마지않은 그림이다. 그 벽화들은 원근, 구도, 색채, 입체감과 형태 묘사 등의 탁월한 회화적 재능은 물론 안료를 개발하고 보존하는 기술까지 포함했다. 더욱 놀라운 것은 이 그림들 중 어떤 동굴의 것들은 벽의 굴곡을 동물의 눈이나 몸의 형태에 맞도록 이용해 입체감을 주고 있다는 것인데, 과연 굉장한 작품들이라 할 수 있겠다.

이 숙제를 세계적인 석학 굴드는 어떻게 풀었을까? 그는 솔로몬과 같은 재판관의 부담을 안고 애써 이것에 대해 설명해야 한다는 책임을 가진 듯 보였다. 그의 글은 궁색한 변명처럼 길게 이어지는데 먼저 이 그림에 대한 그의 모든 주장은, 그것이 구석기 시대의 그림이 아닐 수도 있다는 논리는 아예 배제한다. 그는 단지 이 그림들을 시대적으로 어떻게 배열하는가 하는 문제만을 다루고 있다.

그의 주장의 핵심은 이렇다. 단순히 이 그림들을 그린 주인공들이나

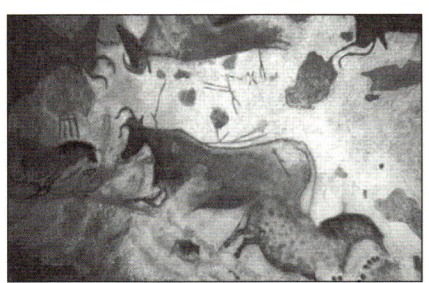
▶ 구석기인들의 놀라운 솜씨를 보여주는 그림들 중 하나로 원근과 입체감, 구도, 형태 해석, 색채면에서 거의 완벽함을 자랑한다.

기법 등을 통해 시대를 쪼개는 것은 불가능하다. 놀라운 이 벽화들이 점진적으로 서서히 발전되는 그림 표현기법과 인류의 발전사에 의해 충분히 설명이 가능하다는 주장이다. 그러니까 3만~1만 년 사이에 살았던 인류는 10만 년 동안 신체 특성상의 변화가 없었던 인류 종에 의해 그려진 것이므로 굳이 점차 기술과 기법의 나아져야 한다는 전제로 들여다 볼 필요는 없다는 것이다.

숯에서 추출한 방사성 탄소를 이용해 지금으로부터 3만 2,140년 전에 만들어진 쇼베의 동굴 예술품에서부터 르포텔에 있는 1만 1,600년 된 그림들까지 그 연대를 추정한다. 이 시기는 우리와 같은 종인 호모사피엔스가 유럽을 장악했던 시기이다(이것이 처음으로 발견된 프랑스 지역의 이름을 기념하기 위해 종종 '크로마뇽인'이라고도 불린다. 인체해부학적으로나 그들이 그린 벽화의 수준을 볼 때 그들은 우리와 같은 종류의 사람들이 분명하다. 등이 구부정하고 둔하게 움직이는 아주 먼 옛날의 원시적 조상이 아니다).

- Stephen J. Gould "Leonardo's Mountain of Clams and the Diet of Worms" (1998), 『레오나르도가 조개 화석을 주운 날』, 세종서적, (2008) p.216

굴드가 말하는 '진보함은 반드시 시간의 흐름과 정비례할 필요가 없다'는 것에는 충분히 동의할 수 있다. 과거의 학자나 예술가들을 현대인들이 반드시 능가하는 것은 아니기 때문이다.

그러나 3만 년, 2만 년을 논하면서 미켈란젤로의 그림에 비견되는 그림이 크로마뇽인에 의해 그려졌다고 생각하는 것 자체가 과연 과학적인 사고일까? 이 그림들이 진보의 순행을 보이는지 또는 역행을 보이는지를 논하기 전에 크로마뇽인이 이런 그림을 그릴 수 있다는 근거가 무엇인지 궁금하다.

그들은 왜 유독 벽화 기술만 진보시키고 농업 기술이나 도구 사용 능력과 문자나 언어능력 등은 전혀 진보시키지 못했는가? 여기서도 진화론자들의 태도는 여전히 같다. 그들은 논리적으로 맞지 않더라도 그 자체를 예외적인 사례로 삼는다.

공룡의 발자국과 사람의 발자국이 함께 찍힌 것을 보면 그 두 존재가 동시대에 살았을 가능성을 보게되는 것이 우선이건만, 그들은 거기에서 외계인의 가능성을 주장한다. 살점 조직이 채 부패되지 않은 공룡의 피부조직을 발견하면 공룡의 연대를 수정하는 것이 아니라 6,600만 년 넘었을 피부가 아직도 부패되지 않았다며 놀라워한다. 이런 사고가 어떻게 과학 안에 자리 잡고 있는지, 진화라는 개념이 얼마나 철옹성과 같은 신앙인지, 놀라울 뿐이다.

단속평형이라는 편리함의 적용

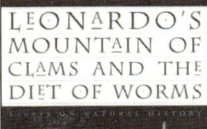

굴드는 계속 논리를 전개하는데 일단 네안데르탈인은 벽화와 관련이 없다고 추정한다.

이보다 바로 직전에 유럽에서 살았던 유명한 네안데르탈인은 이렇다 할 예술작품을 만들지 않았다 (내가 아는 한 그렇다). 네안데르탈인이 살았던 시기는 크로마뇽인이 출현했던 유럽의 초기 벽화 시대와 겹친다. 그들이 아주 밀접한 관계를 갖고 있음에도 불구하고 그들 사이에는 놀라울 정도의 문화적 차이가 있었다. 우리는 이것에 근거해 네안데르탈인과 크로마뇽인을 별개로 분류했다. 이들 두 종은 생명 진화사의 일정구간을 한쪽 끝에서 다른 쪽 끝으로 매끄럽게 일직선으로 연결하는 점들이 아니라는 것을 잘 보여주고 있다. 이 입장에 따르면 크로마뇽인은 오늘날의 인류로 진화한 반면 네안데르탈인은 멸종되어 사라졌다.

▶ 이 논리가 전개된 과학 에세이를 포함한 굴드의 저서 『레오나르도가 조개 화석을 주운 날』

- 같은 책, pp.216-217

그렇다면 도킨스와 굴드 등이 역시 정설로 인정하며 논리 전개에 이용하는 이 유인원들은 최소한 그들 가운데에서라도 인정이 되는 계보들인가?

굴드가 네안데르탈인을 크로마뇽인과 별개로 취급한 것과는 달리 오늘날 네안데르탈인, 하이델베르그인, 크로마뇽인은 완전한 사람으로 간주되고 있다. 약 100여 년 동안, 네안데르탈인은 구부정한 자세 때문에 원숭이 같다고 여겨졌다. 이러한 잘못된 인식은 관절염과 구루병 같은 뼈 질환을 가졌던 몇몇 네안데르탈인 때문이었다. 최근에 이들에 대한 치아와 엑스레이 연구는 그들이 매우 장수했던 성숙한 사람들이었음을 드러내고 있다. 약간의 차이가 있었다 해도 그 차이는 피카소도 울고 갈 명작을 남길 만큼의 차이는 아니었을 것이다. 이 모든 것은 인류화석을 그들의 주장대로 다 인정할 경우라도 그렇다는 것이다(실제로 인정할 만한 인류화석은 전무한 형편이다).

굴드는 이 벽화들의 놀라운 등장을 역시 단속평형적 방법으로 손쉽게 풀고 있다. 그는 자신의 이론을 이용해 이런 현상을 설명한 폴 반과 베르트르의 『빙하기의 이미지(Images of the Ice Age, 1988)』 중 한 부분으로 설명을 대신했다.

구석기 시대 예술의 발전은 아마도 진화 그 자체와 흡사한 것 같다. 쭉 뻗은 선이나 사다리 같은 것이 아니라 훨씬 우회적인 길 – 평행한 가지나 아주 많은 분지를 갖고 있는 관목처럼 복잡한 모양으로 자라는, 느리고 점진적인 변화가 아니라 가끔가다 날카로운 섬광이 나타나는 '단속적인

평형'……구석기 시대 전반기의 각 시기는 많은 종류의 스타일이나 기법들이 공존하고 그 중요성의 정도에도 변화가 심하다.…… 재주와 능력의 정도도 광범위하고 …… 결과적으로 '원시적'이거나 '고풍스러운' 생김새라고 해서 반드시 오래된 것이라고 볼 수는 없다.

- 같은 책, p.232

점진주의가 완만한 곡선이나 계단을 그리면서 진보해가는 것이라면, 단속평형은 번개가 치듯 뾰족한 선이 갑작스러운 진보나 진화를 이루고 다시 안정기로 들어가 평형을 유지하다가 다시 (증거도 안 남을 만큼) 빠르게 진보하기를 반복한다는 이론이다. 그래서 이 그림들도 굳이 기법으로 연대를 추정할 필요가 없다는 주장에 동의를 표하고 있는 것이다. 이런 논리 자체가 굴드 자신이 개발한 진화이론이니 당연한 일이다.

그처럼 다양한 기법이 크로마뇽인에 의해 나왔지만, 그들은 뇌 용량 면에서 현대인과 크게 다르지 않으므로 이상히 여길 필요가 없다는 그의 말은 모순이다. 크로마뇽인 중 그림에만 재능을 지닌 천재들이 일어나 대단한 그림을 남기고 역사 속으로 사라진 뒤 오랜 평형을 유지하다가 다시 점진적인 예술의 시대가 도래했다는 말인가?

과학은 추상화가 아니다

굴드는 박학다식하며 나름대로 균형잡힌 과학자처럼 보이는 글을 많이 썼다. 그러나 전제가 잘못되었을 때 모든 것이 흐트러질 수 있다는 것을 보여 주는 안타까운 사례를 우리는 볼 수 있다. 그는 베이컨의 "오래 전의 나날들은 바로 지금 세상의 유년기이다"라는 말을 인용하며 그 놀라운 그림들이 원시적인 시대에 만들어진 것이 아니라 '인간종의 유년기'에 만들어진 것으로 이해해야 한다고 말한다. 인간의 영광이 이미 3만 년 전에 시작된 것을 다행스럽게 여기라는 것이다.

그러나 그런 말 자체가 과학적이기보다는 추상적이기만 하다. 과학은 감동을 줘서 믿게 만드는 학문이 아니고 실험과 증명으로 이루어져야 하는 분야가 아닌가. 이로써 그에게 얼마나 많은 업적이 있고 그가 어떤 대단한 이론을 만들었든지와 상관없이, 다윈처럼 매우 추상적인 접근이 아니고는 무엇 하나 밝혀낼 수 없는 과학자임을 알 수 있다. 생물의 역사는 거대한 서사시나 추상화처럼 묘사될 수 있을지 몰라도, 그 과정을 설명한다는 진화론이 과학으로 행세하려면 논리적인 증거와 과정을 제시해야 할 것이다. 그러지 못한다면 진화론 역시 하나의 철학에 불과하며, '믿음'이라는 과정을 배제하고는 존립하지 못하는 학문임을 인정해야 한다.

단속평형설이 그들이 기원과학의 문제를 정면으로 돌파하지 않고 있음을 단적으로 보여주는 사례인 것처럼, 구석기인의 명화에 대해서도 본질을 벗어나 멋진 소설로 마무리하려는 굴드의 주장은 다윈의 신화와 다름없는 접근방식이라 할 수 있을 것이다.

6
아이작 아시모프 *Isaac Asimov*
가장 많은 독자층을 거느린 SF 작가

"우주를 과학의 관점으로 바라보는 것이 내 종교이다."
"100 Other Essays by Isaac Asimov" - Isaac Asimov

세계적으로 유명한 생화학자이자 작가

러시아 출신의 미국 공상과학 소설가인 아이작 아시모프(1920~1992)는 원래 생화학자지만, 과학을 비롯한 다양한 분야의 해설자로 방대한 저술을 남겼다. 수많은 SF 작품을 발표한 그의 글들은 세계의 다양한 독자들에게 널리 읽혀왔기 때문에, 과학 분야에서 그의 영향력은 사후인 지금까지도 대단하다. 철저한 무신론자로서 과학적 상상력을 펼쳐온 아이작 아시모프의 대표작은 『파운데이션』, 『아이, 로봇』, 『바이센테니얼 맨』 등이 있으며, 소설과 비소설 등 500여 권의 저서를 남겼다. 휴고상과 네뷸러상 등을 수상했으며, 로버트 하인라인(R. A. Heinlein), 아서 클라크(A. C. Clarke)와 함께 세계 3대 SF 작가로 꼽힌다.

> **과학자이면서 공상과학 작가인
> 무신론자 아시모프의 이야기들은
> 판타지인가, 과학인가?
> 일관성은 있는가?**

아시모프의 작가적 상상력과 영향력

2000년 일본에서 만든 두 발로 걷는 로봇 아시모는 등장부터 화제를 모았다. 공상과학에 대해 좀 아는 사람이라면 이 로봇에게 부여된 이름 '아시모'가 SF 작가 아이작 아시모프의 이름에서 온 것임을 어렵지 않게 짐작할 수 있었다. 그만큼 아시모프라는 이름의 울림은 과학적이고 드라마틱하며 마치 공상과학의 대명사처럼 느껴지기도 한다.

▶ 일본의 첨단 2족 보행 로봇 아시모

아시모프는 생화학자이기도 하다. 그의 상상력은 과학적 이론들과, 또 과학자라는 이력과 맞물려 치밀한 구성으로 표현돼 많은 독자들을 거느리게 됐다. 하지만 그는 과학소설만을 쓴 것은 아니다. 셰익스피어에 관한 연구서, 성서에 관한 연구서 등도 저술했다. 그러나 이런 책들은 다분히 자기 기준에서 이루어진 연구이며, 큰 가치를 인정받고 있는 것은 아니다.

물론 그는 진화론자이며 무신론자다. 그는 창조론자나 지적 설계론자들을 공공연히 비난했으며, 종교와 관련된 발언도 많이 남겼다. 과연 그가 일관성 있는 학자였을까? 자기가 믿고 있는 과학과 자신이 창조한 판타지 세계에 대해 어떤 관점을 가진 사람이었을까?

열역학 법칙에 관한 생각

사람은 누구나 생각이 바뀔 수 있고 관점이나 견해가 바뀔 수 있다. 일단 아이작 아시모프의 열역학 제1법칙, 즉 에너지 보존 법칙이 모든 과학자가 인정하는 것처럼 바르게 기술된 부분이다.

> 이 모든 것을 우리는 이렇게 표현할 수 있다 : "에너지는 한 장소에서 다른 장소로 이동되기도 하고, 한 형태에서 다른 형태로 전환될 수도 있지만 결코 창조되거나 소멸될 수는 없다." 이를 다른 방식으로 말하면 다음과 같다 : "우주 내의 에너지 총량은 항상 일정하다."
> 이 법칙은 과학자들이 만들어낼 수 있는 우주에 관한 법칙들 중에서 가장 강력하고 근본적인 것으로 간주된다.
> '왜' 에너지가 보존되는지는 아무도 모르며, 과연 우주의 모든 곳에서,

모든 상황 아래에서도 에너지가 보존되는지는 확실히 알 수가 없다. 다만 우리가 알 수 있는 것은 한 세기 반 이상 과학자들의 세심한 관측에도 불구하고 우리의 일상생활 주변에서나 또는 저 높은 하늘에서나 또는 저 안의 원자 세계에서나 어디서도 에너지 보존 법칙을 거스르는 현상은 하나도 발견되지 않았다는 것이다.

- Isaac Asimov, "In the Game of Energy and Thermodynamics, You Can't Even Break Even", Smithsonian. (1970) p.6

이것은 그의 표현대로, 모든 과학자가 인정하고 있는 사실이다.

한편 아시모프는 자기가 고백한 대로 그야말로 엄청난 양의 글을 쓰며 그것을 재차 수정할 시간이 없어 바로바로 편집자에게 넘긴다고 했었다. 그래서 아시모프의 많은 생각과 견해가, 그의 글이면 어떤 것이라도 환영하는 출판사와 잡지들 때문에 다분히 즉흥적이라는 느낌을 지울 수 없다. 상상력을 표현하는 SF와 현실 세계의 과학을 혼동하기 때문일까?

왜냐하면 다음의 글에서는 열역학 제2법칙, 역시 모두가 인정하는 엔트로피(무질서도) 증가의 법칙(모든 것은 힘을 잃고 소멸된다는 법칙)을 거스르는 일에 대해 막연한 기대를 나타내고 있기 때문이다.

우리는 우주 내에서 일어나는 모든 종류의 일을 알 수는 없다. 우리가 관측하는 변화는 엔트로피가 증가하는 방향(질서와 힘을 잃는 쪽)으로 이루어진다. 그러나 어딘가에 엔트로피가 감소하는 방향으로 이루어지는, 우리가 채 발견하지 못한 상황에서의 변화가 있을 것이다.

- Isaac Asimov, "What is Beyond the Universe" Science Digest, Vol. 69 (1971) p.69

이렇게 생각하는 이유는 무엇일까? 당연히 진화의 가능성을 열어두는 것이다. 무엇이든지 힘을 잃고 파괴되는 것이 세상의 이치지만 어딘가에서는 이런 현상이 반대로 일어나 빅뱅처럼 무엇이든 형성되고 발전해가는, 진화론적 현상이 가능해야만 이 세상을 설명할 수 있기 때문이다. 그래서 어느 시점, 어느 곳에선가는 모든 것이 자연의 법칙에 반하여, 더 힘을 얻고 커지며 발달하는 방향으로 변화할 수도 있음을 표현한 것이다. 그러나 그런 것은 사실 관측된 적이 없으며, 과학의 법칙에도 위배되는 무책임한 말이다.

빅뱅설에 관한 그의 생각

그러면 빅뱅설에 관한 아시모프의 견해는 어떨까? 1981년에 발간된 책 『처음에(In the Beginning, 태초에, 구약성경 창세기의 첫 구절)』에는 다음과 같은 대목이 있다.

우주의 알은 (우리가 아는 한) 구조를 갖지 않을 수도 있지만, 매우 질서 있게 응집된 질량 덩어리가 틀림없다. 그 알의 폭발은 무질서의 방향을 향한 광대한 전환을 의미하는데, 그 이후로 우주의 무질서는 계속 증가해오고 있다. 그러나 우주의 알이 존재했다는 그 사실 자체가 비정상적인 일이다. 만약 우주가 일반적으로 질서로부터 무질서로 운동해간다면, 그 질서(우주의 알 안에 존재했다고 가정되는 질서)는 어떻게 생겨났을까? 그것이 어디로부터 왔을까?

▶ 아시모프의 1981년작 『처음에(태초에)』

- Isaac Asimov, "In the Beginning", Crown. (1981) p.24

근원적으로 빅뱅이나 자연적인 우주의 발생설에 문제와 한계가 있음을 드러내는 고백인데 여기서 그를 어느 정도 양심과 균형을 지닌 과학자라고 할 수 있을지 모른다. 그런데 그는 많은 글을 써서 그런지 그때 그때 바뀌는 견해를 드러내기도 한다.

국내에 『아시모프의 과학 에세이』라는 제목으로 번역된 『100 Other Essay by Isaac Asimov(1987)』의 '우주를 바라보는 눈은 점점 넓어지고 있다' 라는 글에는 빅뱅설에 관한 이런 대목이 있다.

대폭발은 언제 있었을까?
그것에 대한 답변은 은하계가 얼마나 멀리 떨어져 있는지, 그리고 얼마나 빨리 멀어지고 있는지를 알아내면 계산해낼 수 있다. 천문학자들은 이 수치를 알아낸 후, 거꾸로 계산해 들어가서 은하계가 얼마나 오래 전에 전부 한 점에 모여 있었는지를 알 수 있을 것이다.

지금으로서는 이 대폭발이 120억에서 150억 년 전에 일어나 우주가 생겨났다고 하는 것이 제일 사실과 근접한 계산일 것이다.

- Isaac Asimov, "100 Other Essays by Isaac Asimov, Prometheus Books", (1989)
『아이작 아시모프의 과학 에세이』, 아름다운 날. (2007) p.252

이처럼 빅뱅의 시작이 된 우주의 알 자체가 어디서 왔는지 모호하다는 글을 쓴 사람이 몇 년 사이 빅뱅설을 기정사실로 인정하고 있다. 환상과 현실을 넘나들며 과학이 밝혀낸 것과 자신이 만든 세계 속에서 사는 사람이라고 할 만하다.

자유로운 환상 세계와 과학의 관계

그는 말한다. 자신은 마음껏 상상의 나래를 펼치며 환상의 세계를 창작하고 그 안에서 즐기지만 실생활에서는 환상을 받아들이지 않는다고 말이다. 그 이유는 우주를 바라보는 과학의 관점 뒤에 놓여 있는 두 가지 기본적인 과정을 받아들이기 때문이라고 한다.

그 첫째는 우주가 '자연법칙'이라는 일반적이고도 아주 강력한, 거역할 수 없는 기본 법칙에 따라 움직인다는 것이다. 둘째, 인간은 조금씩 그 법칙을 풀어내어 그것을 바탕으로 실제의 세계를 이해할 수 있다는 것이다. 이것은 가정이기 때문에 증명할 수 없다. 나는 이런 것을 하나의 신앙처럼 받아들이며, 그런 의미에서 우주를 과학의 관점으로 바라보는 것이 내 종교이다.

- 같은 책. p.238

빅뱅의 한계를 인정했다가 다시 빅뱅을 기정사실로 표현했던 그는 자연법칙을 인간이 풀어내는 일 자체가 증명할 수 없는 일이기 때문에 신앙처럼 믿음을 매개로 이해하고 그것을 종교처럼 받아들인다고 말한다.

아시모프의 상상력이나 이야기 구성 능력, 또 과학을 접목시키는 통찰력은 문학적으로나 작가로서 탁월하다고 할 수 있다. 이런 탁월한 과학자들은 명민하기 때문에 자신들의 전제에 오류가 있음을 알고 있다. 그가 남긴 종교적인 조롱과 발언들이 많이 있지만, 그중에서도 다음 이야기는 매우 유명하다. 이 말을 통해 그의 세계관을 엿볼 수 있다.

나는 철저하게 무신론자다. 내가 이렇게 말하기까지는 오랜 시간이 걸렸다. 나는 어떤 사람이 '무신론자'라고 말하는 것을 지성적으로 훌륭한 것이 아니라고 생각해 왔다. 왜냐하면 무신론은 사람이 갖지 못한 지식을 가정하는 것이라고 생각할 수 있기 때문이다. 그보다는 오히려 인본주의자 혹은 불가지론자라고 말하는 것이 더 타당하다고 느꼈다.

드디어 나는 이성의 피조물이 아니라 감성의 피조물이라고 결정했다. 나는 신이 존재하지 않는다는 것을 입증할 증거를 가지지 못하고 있다. 그러나 나는 그가 존재하지 않는다고 강하게 느꼈다. 그래서 나는 더 이상 나의 시간을 낭비하지 않기로 하였다.

- Isaac Asimov in Paul Kurtz, ed.,
"An Interview with Isaac Asimove on Science and the Bible", Free Inquiry 2 (1982) p.9

분명히 그는 신의 존재 여부를 과학적인 '검증'이 아닌 '느낌'으로 결정하고 있다. 그는 또 이런 말도 남겼다.

죽음의 시간이 다가온다 해도, 나는 지옥 혹은 (상당히 더 나쁠) 천국의 세속화된 버전으로 가는 것이 두렵지 않다. 나는 죽음이, 모든 가능한 죽음의 공포가 사라진 무(無)의 상태일 것으로 예상한다. 나는 무신론에 감사한다.

- http://en.wikiquote.org/wiki/Talk:Isaac_Asimov

아이작 아시모프는 많은 작품들과 글을 통해 지적 설계를 믿는 사람들을 조롱하며 살다 죽었다. 분명한 것은 그런 그가 특별 창조나 지적 설계를 믿는 이들을 반대한 논리가 과학이 아니라 개인적인 기호와 취향이었으며 느낌에 따라 선택한 하나의 가설이었다는 사실이다.

"우리는 무와 무 사이의 어느 기간에 한 구체에 살며 우주를 궁금해 한다"는 아시모프의 또 다른 말처럼, 아무것도 아닌 것에서 와서 아무것도 없는 곳으로 돌아가기를 바라는 것이 진화론이며, 언젠가 신적인 존재로 진화할 막연하고도 불가능한 희망을 품은 채 동물의 한 종으로 일생을 보내는 것이 또한 진화론이다.

공상과 과학은 공존할 수 있을까?

아시모프의 작품들은 지금도 전 세계 사람들을 매료시키며 소설과 영화로 영향을 미치고 있다. 그만큼 많은 이들은 그의 생각에 영향을 받고 있는 것이다. 그러나 영향을 받는 독자들은 아시모프가 상상력과 개인적 느낌에 의존해 어떤 길을 선택한다고 생각하지 않고, 생화학자이자 탁월한 과학 작가로서 그의 작품을 매우 논리적인 것으로 인지한다는 데 문제가 있다.

▶ 영화로 만들어졌던, 인간보다 더 인간적인 로봇 이야기 〈바이센테니얼 맨〉

과학에 있어 새로운 발견을 알리는 가장 신나는 표현은 '유레카(찾았다)'가 아니라 '그거 재미있네'이다.

- Isaac Asimov, "100 Other Essays by Isaac Asimov, Prometheus Books", (1989)
『아이작 아시모프의 과학 에세이』, 아름다운 날, (2007) p.1

그러나 그가 한 이 유명한 말을 보면 (일면 신선해 보인다 해도) 과학에 대해 매우 자의적인 해석을 하고 있다는 생각을 지울 수 없다. 재미만 있으면 새로운 발견이 되는 것이 아니다. 과학이라고 말할 수 있으려면 재미가 없어도 검증이 가능하고 이치에 맞아야 하며 논리적이어야 한다.

그의 작품 중 『황금 알을 낳는 거위』라는 단편이 있다. 이 소설은 껍질 안쪽의 막이 황금으로 된 알을 낳는 거위에 대한 이야기인데, 고도의 방사능 환경에서 태어난 변종 거위의 간을 통해 물과 사료와 공기 중에 흔한 산소18이 금197로 바뀌어 난소로 배출되는 과정을 매우 과학적으로 가정하고 있는 공상과학 단편이다. 바로 거위의 몸속에서 일어난 핵융합 반응이 알의 안쪽을 금으로 바꿀 수 있다는 재미있는 상상이다. 그런데 이런 일은 현실에서 전혀 불가능하다. 화학적 이론으로 무장한 채 약간의 상상력을 더한 이런 이야기는 아시모프의 머릿속에서나 가능한 것이므로 과학이 아니다.

진화론도 이와 마찬가지다. 생명의 기원이라든지 물질의 변성, 생물의 변화, 종의 변환 등이 매우 치밀한 구조로 설명되어 있는 듯하지만, 현실에서는 전혀 일어나지 않는 것이다. 그래서 진화론은 스토리이고 상상력이며, 원하는 이들의 머릿속에만 있는 하나의 이야기 구조이다. 과학이 아니라 과학적으로 보이고 느껴질 뿐이다.

공상과학은 그 자체로 즐기는 것이다. 그것이 현실로도 가능할 것이라는 생각은, 어떤 상상이 제법 그럴듯하고 그것을 누군가 간절히 원한다면 현실에서도 가능할 것이라는 막연한 생각과 다르지 않다. 그러나 현실에서 가능한 것들은 많지 않다. 그래서 인간은 아직도 광활한 우주의 한 점에 지나지 않는다는 (이 작은 별을 벗어나지도 못하고 중력에 붙들려 희미하게 흔들리며 명멸하는 별들을 바라보면서 그것의 거리가 어떻고, 언제 생겨났으며, 그 크기는 어느 정도일 것이라고) 끝도 없는 상상만 반복하고 있는 것이다.

우주는 아직도 과학자들의 숫자 속에만 있다. 한 번도, 아무도 본 적 없는 우주는 아시모프와 같은 공상과학 소설가들의 묘사에 의지해 머릿속에 그려질 뿐이고, 각종 일러스트레이션과 컴퓨터 그래픽으로 그려진 상상도만 존재할 뿐이다. 그래서 어쩌면 '공상'과 '과학'이라는 두 단어는 영원히 공존할 수 없는 말일지도 모른다.

| 셜록 홈즈의 작가 코난 도일의 진화론 |

"진화의 중간 고리, 잃어버린 세계를 찾아라."

▶ 아서 코난 도일

진화론이 발표된 해에 태어난 작가 코난 도일(Arthur C. Doyle, 1859~1930)경도 그 시대의 다른 지식인들처럼 진화론에 강력한 영향을 받은 사람이었다. 의사로 활동하며 소설과 희곡 등을 썼던 그는 『남아프리카 전쟁 종군기(1902)』로 기사 작위를 받았는데, 후반에는 심령술에도 심취했다고 한다.

대개 코난 도일 하면 『셜록 홈즈』 시리즈를 떠올려 추리작가로만 생각하는 경우가 많은데, 그는 SF나 모험소설 등도 썼고 이런 작품들이 후대에 큰 영향을 미쳤다. 그러나 도일의 작품을 말하려면 에드거 앨런 포(E. A. Poe)를 말하지 않을 수 없다.

공상과학 소설의 창시자는 『80일간의 세계일주』와 『해저 2만 마일』, 『지구 속 여행』 등의 저자인 쥘 베른(J. Berne)이나 『검은 고양이』, 『에너벨 리』(詩) 등을 쓴 에드거 앨런 포를 꼽는다. 최초로 비교적 완성된 형태의 공상과학 소설을 쓴 것은 포였다.

포의 작품 중에 『한스 파알의 신기한 여행(The Unparalleled Adventure of One

Hans Phall, 1850)』이라는 소설이 있는데, 한스라는 주인공이 달나라로 간다는 내용이다. 실종된 줄만 알았던 그의 소식과 믿기 어려운 달에서의 생활상 등이 적힌 종이를 지구인들에게 떨어뜨리고 간 외계인의 존재를 사람들은 세월이 지나면서 잊게 된다는 내용의 이 소설은, 아무 장비 없이 대기권을 벗어날 수 있었던 점 등 과

▶ 시인이자 소설가인 포

학적 근거가 미흡하지만 최초로 외계에 대한 상상이 구체적으로 표현된 작품이라고 할 수 있다.

『도둑맞은 편지』, 『모르그 가의 살인』, 『황금벌레』 등으로 (범죄소설의 형식을 벗어난) 추리소설 분야도 처음으로 개척한 포는 '뒤팽'이라는 퇴역탐정의 캐릭터를 만들어 『홈즈 시리즈』의 코난 도일 등의 작가에게 직접적 영향을 미쳤고, 추리소설에 꼭 필요한 기본적인 트릭들을 만들어 낸 천재였다. 보물지도와 암호 해독 과정을 다룬 『황금벌레』는 코난 도일이 『춤추는 인형의 비밀』이라는 소설에서 암호 방식을 거의 복제하다시피 답습하고 있다.

필트다운인 조작사건의 찰스 도슨(C. Dawson)과도 친분이 있었던 코난 도일의 소설 셜록 홈즈 시리즈는 발표 당시 굉장한 인기를 끌었다. 나중에 그는 집필을 그만 두기 위해 홈즈를 절벽에서 떨어지게 하여 모험 중 사망하는 것으로 시리즈를 끝냈지만, 독자들의 요청이 어찌나 거셌는

지 결국 홈즈를 부활시켜, 절벽의 나뭇가지를 붙잡고 살아난 뒤의 이야기를 다룬 시리즈를 더 집필해야 할 정도였다. '셜록 홈즈'는 지금도 각색되거나 새로운 시나리오로 영화화되거나 연극으로 제작되면서 여전히 인기를 누리고 있다.

▶ 코난 도일의 『잃어버린 세계』

진화론자인 코난 도일의 탐험소설 『잃어버린 세계(The Lost World, 1912)』는 진화의 중간 형태 화석을 찾으려는 의지를 드러내는 작품이다.

아마존에서 사망한 화가의 스케치북에 그려진, 한 번도 본 적 없는 동물에 대해 한 교수가 탐험에 나선다는 내용인데, 완벽히 고립된 지역에서 쥐라기의 육식공룡과 사나운 유원인들을 만나게 된다. 이 소설은 〈쥬라기공원〉 등의 영화를 비롯한 공룡소설의 원조가 되는 등 아류작을 무수히 탄생시켰으며, 영화 산업에도 많은 영향을 미쳤다.

진화론이 발표된 후 수십 년 간은 사람들이 잃어버린 화석의 고리들을 찾을 수 있을 것으로 기대했다. 다윈 자신도 그런 고리들이 없는 것에 크게 실망하여 자조적인 글을 남기기도 했지만, 그러면서도 시간이 지나면 중간 형태의 화석들이 충분히 발견되리라는 전망을 피력하기도 했다.

오죽하면 한때 중간 고리 화석을 발견하는 사람에게 거액의 현상금까지 지불하겠다는 광고가 등장했을까? 그러나 그런 노력은 오늘날까지 결실을 거두지 못했고, 조작되거나 근거로 채택할 수 없는 단 몇 개의 부분 화석만으로 애처로운 주장을 계속하고 있는 형국이다. 수억 년 전의 생물이라고 주장되는 것들도 전혀 변화하지 않은 상태로 나타나고 있으니 그 어디에도 진화의 증거란 없는 셈이다.

냉철한 이성으로 상황을 판단하고, 섣부른 추측보다는 치밀한 계산과 증거에 의한 추리로 사건을 해결하는 명탐정 셜록 홈즈. 그가 만일 진화론을 면밀히 들여다보았다면 어떤 결론을 내렸을까? 진정한 탐정이라면 추측과 상상만 무성하고 학설만이 난무하는 진화론을 과학적으로 인정할 수 없다고 결론을 내지 않았을까? 그러나 이처럼 명석하고 치밀한 캐릭터인 셜록 홈즈와는 달리 그를 창조해낸 저자 코난 도일은 진화의 증거를 찾기 위해 애쓰다 끝내 아무것도 찾지 못하고 생을 마쳤다.

결국 그가 소설 속에서 찾아 나섰던 '잃어버린 세계'는 잃어버린 것이 아니라, 애초에 존재하지 않는 세계였다.

7
존 듀이 *John Dewey*
미국 실용주의를 집대성한 교육 철학자

"우주의 (진화) 과정이 인간의 의식 속으로 내재되었다."

"Evolution and Ethics" - John Dewey

미국 공교육의 근간을 마련한 학자

찰스 다윈의 『종의 기원』이 출간된 1859년 미국 버몬트 주의 벌링턴에서 태어난 존 듀이(1859~1952)는 철학자이자 교육학자이며 심리학자였다. 1879년 버몬트대학교를 졸업하고, 존스홉킨스 대학교에서 박사학위를 받았으며, 미네소타, 미시간, 시카고, 컬럼비아 각 대학에서 교수로 학생들을 가르쳤다. 1899년에는 미국 심리학회 회장으로 선임되기도 했으며, 1904년부터 1930년 은퇴 시기까지 컬럼비아대학교 교수였고, 은퇴 후 1939년까지 명예교수를 지냈다. 컬럼비아대학교 시절부터 임종 때까지 듀이는 국제적인 교육 컨설턴트였으며, 1919년에는 미국 신사회연구소를 창설하기도 했다. 그의 모든 철학은 교육철학이었다. 실용주의를 완성한 철학자이기도 한 존 듀이의 명성과 영향력은 대단한 것이었다. 『민주주의와 교육』, 『경험으로서의 예술』, 『학교와 사회』 등의 저서가 있다.

> **생물학적으로 우주 진화 과정의 연속선상에 있는 인간을 도덕적으로 교육하고 성장시키는 것은 가능한 것인가?**

미국의 교육과 실용주의

교육은 그 나라의 미래를 만드는 일이기 때문에 무척 중요하다. 지금 어떤 것을 가르치느냐에 따라 미래에 어떤 패러다임을 가진 사람들이 국가를 지배하고 어떤 종류의 문화를 만드는가 하는 중대한 일이 달려 있다.

미국 사회는 경제력과 군사력으로 세계의 중심에 선 나라지만, 그들의 이면에는 부의 양극화와 인종주의, 정치적 패권주의로 인한 잦은 전쟁, 도덕적 불감증, 지나친 자유로 인한 성적 타락과 총기사고로 대변되는 폭력 등이 대중문화 산업과 함께 혼란으로 뒤엉킨 모습이다. 또한 과거의 영광은 퇴색해가고, 점점 어두운 경제의 그림자가 그들의 발목을

잡고 있다.

이런 부정적인 모습이 되기까지의 미국에서는 어떤 철학적 관점의 교육이 이루어졌을까? 미국의 교육은 청교도적인 보수주의 사상이 진보적인 사상과 충돌하며 결국 처음의 가치관이 뒤바뀐 형국으로 오늘날을 맞이하고 있다고 볼 수 있다.

생물학적 진화론에 대한 논쟁이 뜨거웠던 교육계에서 그 전기가 된 것은 1925년의 이른바 원숭이 재판(Monkey Trial)이다. 진화론을 가르칠 수 없었던 테네시 주에서 법을 어기고 진화론을 가르친 생물교사 스코프스에 대한 재판이었다. 이 재판은 전국적으로 라디오 중계가 되면서 창조와 진화 논쟁으로 확대되었고, 스코프스는 100달러의 벌금형으로 유죄 판결을 받지만, 진화론에 대한 탄압이라는 역풍이 확산되어 기존 교육의 형평성에 대한 거센 반발로 이어졌다.

1960년대에 케네디가 공립학교에서의 종교 행사 등을 금지했고 진화론은 힘을 얻어 확산되었다. 이런 미국의 공립학교들이 최근 들어 과거로 회귀하는 현상을 일부 보이고 있으나, 이미 미국은 다문화, 다인종, 개인주의 등이 팽배해 있고, 진화론적 생각에 큰 지배를 받고 있는 나라가 되었다.

미국에서 발전한 미국적인 철학 중 중요한 하나가 프래그머티즘, 즉 실용주의이다. 그래서 미국인들에 대한 이미지는 '실용적'인 것으로 특징지어지곤 한다. 미국의 실용주의는 세 명의 철학자가 대표적인데, 그들은 찰스 샌더스 퍼스(C. S. Peirce), 윌리엄 제임스(W. James), 그리고 존 듀이다. 실용주의를 해석하는 세 사람의 방법과 결론에는 큰 차이가 있었는데, 퍼스는 물리학과 수학 지향적이고, 제임스는 인간적·심리적·종교적인 반면에, 듀이는 사회과학적이고 생물학적이었다. 퍼스가 실용주의 철학의 원조라면, 제임스는 대중성이 있는 사람이며, 듀이는 실험적으로 적용시켜 포괄적인 세계관을 구축해 성숙된 철학을 이룬 사람이다.

그러나 듀이뿐 아니라 나머지 두 사람도 모두 진화론의 강력한 영향을 받았다. 퍼스는 우주가 진화한다고 보았고, 제임스는 종교와 진화가 양립할 수 있는 길을 모색했다. 듀이는 모든 지식과 역사 해석, 인간의 삶을 바라보는 관점까지도 진화론적으로 수용하려 했다. 그러므로 진화론이 진하게 녹아든 것이 미국의 실용주의라고 할 수 있다.

실용주의 철학의 핵심은 사물이 유전한다는 것, 경험에 의해 검증된 가설들은 우리가 갖는 지식에 대한 가장 가까운 방식으로 이루어진다는 것, 한 관념의 의미를 결정하려면 그 관념은 실행에 옮겨야 한다는 것, 그리고 궁극적인 실재에 관한 지식에 도달하는 것은 불가능하다는 것 등이다.

존 듀이의 사상과 교육 철학의 배경

『종의 기원』이 발표된 1859년에 태어난 듀이는 세계에 큰 영향을 미친 미국식 공교육의 발판을 마련한 사람으로 유명하다. 그의 사상에 대해 볼러(P. F. Boller)는 다음과 같이 적고 있다.

> 다윈, 헤겔과 어린 시절의 버몬트 지역에서 실천되었던 민주주의에 의하여 영향을 받은 듀이는 자유의 철학을 발전시켰다. 듀이는 1880년대 초에 헤겔주의자인 모리스(G. S. Morris)로부터 영국 경험론자들에 의하여 상설된 마음의 수동적 백지설(tabula-rasa view)을 배웠으나 경멸 및 방관했으며, 1890년대 동안 제임스의 영향 아래 부분적으로 사고를 점차 다원화했다. 다윈주의자인 듀이에게는 과정이 철학의 중요한 관심으로서 불변성을 대신하였으며, 변화와 성장과 역사가 우주를 이해하는 열쇠가 되었다. 그의 철학에서 자연은 상호 관련된 변화의 한 체제로서 실체이기보다 사건으로 이루어져 있었다.
>
> - P. F. Boller, "John Dewey's Organic Philosophy of Freedom", in freedom and fate in American Thought : From Edward to Dewey. Dallas : SMU Press. (1978) p.218

이처럼 듀이는 진화론을 철저히 받아들여 자신의 실용주의 철학에 녹여낸 사람이었다고 많은 연구가와 저술가들이 증언하고 있다.

듀이는 다윈의 이론을 체계적으로 사용한 최초의 교육철학자였다.

- Christian O. Weber, "Basic Philosophy of Education",
New York : Rinehart Publ. (1960) p.252

그의 성장과 교육이론에 대한 이해에는 그 이론적 기초가 되는 배경에 대한 지식이 선행되어야 한다. 그의 철학의 이론적 배경이 되었던 것은 다윈의 『종의 기원』이다. 그 책이 출판되었던 1859년에 듀이가 출생한 것이 그의 생애와 사상에 많은 영향을 주었던 것으로 보인다. 왜냐하면 다윈이 펼친 유기체의 성장과 생물들의 필연적인 '상호의존성' 개념은 듀이의 모든 저작에 반영되고 있기 때문이다.

- D. W. Marcel John Dewey, "The Experimentalist Criterion", in Progress
and Pragmatism. Westport, Conneticut : Greenwood Press. (1974) pp.197-198

존 듀이는, 만약 자연에서의 인간의 지위가 올바르게 인지된다면 지식의 문제는 크게 단순화될 것이라고 주장했다. 이 말은 누군가에게 만들어진 존재라면 인간은 자연과 분리된다고 흔히 가정하기 때문에 지식에 한계를 가질 수밖에 없다는 것이다. 이 가정이 잘못되었다고 주장하는 것이 실용주의 철학이다.

인간은 자연과 분리되지 않는 자연의 일부분이고 자연과 함께 계속적이라고 한다. 인간과 자연의 계속성을 논할 때, 듀이에 의하여 인용된 주요한 증거들 가운데 하나가 바로 진화론이라고 국내외 많은 관련 저술가들은 지적하고 있다.

  인간이 세상의 주인공이며 다른 자연물들과는 확연히 다른 존재라는 전통적인 생각을 실용주의는 거부한다는 것이다. 인간은 특별한 존재이긴 하지만, 어차피 우주적 진화 과정의 산물이라는 것이다.

> 우주론적인 과정과 도덕 윤리적 과정 사이에는 인간과 사회 형성 이전에 있었던 것과 같은 매우 심원한 구별점이 분명히 있다. 하지만 내가 아는 한 이 모든 차이들은 우주와 관계있는 과정과 힘들이 인간의 의식 속으로 내재화된다는 사실로 종합이 된다. 동물에 있어서 변화하려는 경향은 사람에 있어서 의식적인 통찰력이다. 동물이 무작정 끝까지 일을 마침으로써 습득하는 무의식적 순응과 생존을, 사람은 의식적인 사고와 실험을 통해 얻는다. 이 무의식에서 의식으로의 전이는 굉장한 중요성을 가지며 거의 논쟁할 필요가 없다. 그것은 도덕과 비도덕의 완전한 구분을 뜻한다고 말하면 충분하다.
>
>   - John Dewey, "Evolution and Ethics", The Monist, Vol. 8. (1897~1901) as reprinted in The Scientific Monthly, Vol. 78 (1964) p.66

  동물적 무의식이 인간의 고차원적 의식이 된 것은 굉장히 중요하다고 말하면서 그것이 결국은 진화에 의해서 이루어졌다는 것이다. 버틀러(J. Butler)라는 저술가는 한 연구서를 통해 듀이의 관점에 대해 다음과 같이 적고 있다.

> 이 이론은 새로운 종들이 존재하게 되는 방식의 타당한 설명으로 수용되므로, 듀이는 인간이 자연의 필수라는 더 이상의 결론을 얻을 정도로 그 이론을 확대하였다. 하물며 자연보다 더 높은 근원으로부터 태어나게 된 피조물도 아니고 자연 속에서 나온 새로운 종류의 피조물조차도 아닌 인간은 완전히 그리고 전적으로 자연범위 내에서 그리고 자연 때문에 태어난 자연의 자손이다. 인간에 있어서 이성도 인간이 독특하게 지니고 있는 고도 질서의 표출이 아니고 자연적 특징의 표출이다. 그러므로 이성은 자연이 의존하는 고도의, 그리고 더 포괄적인 로고스(우주의 이성)의 본보기인 대신에 자연의 일면이다. 따라서 인간 이성의 사건들과 세계의 사건들 사이에는 그런 밀접한 조화가 있다.
>
> - J. D. Butler, "Four Philosophies and Their Practice in Education and Religion." New York : Harper & Row, Publishers. (1968) p.387

아무리 차원이 달라 보이고 이성적으로 보이는 인간일지라도 자연의 일부라는 이런 생각은 진화론에 강하게 영향을 받은 것이다.

진화론은 건전한 교육 철학으로 활용될 수 있는가?

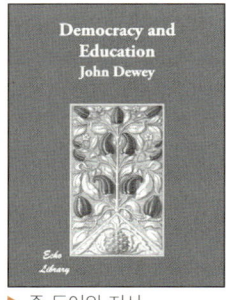

▶ 존 듀이의 저서
『민주주의와 교육』

듀이는 근현대적 학교교육에 관한 거의 모든 것이 갖춰지던 시기이자 산업사회의 출현과 함께 민주주의 교육의 필요성이 커지고 있던 시대인 19세기 말의 활동가이다. 『민주주의와 교육(Democracy and Education)』은 듀이의 중요한 저서인데, 이 책의 서문에서 그는 이렇게 쓰고 있다.

> 이 책에서 진술되는 철학은 과학들에서의 실험적 방법, 생물학적 과학들에서의 진화론적 사상, 그리고 산업재조직의 발달을 민주주의의 성장에 연결하고 이러한 발달에 의하여 지적되는 교육의 내용과 방법에서의 변화를 지적하는 것과 관련이 있다.
>
> - John Dewey, "Democracy and Education",
> An Introduction to the Philosophy of Education. (1916) 서문.

그렇다면 그가 채택한 진화론은 이성적 인간을 지도하기에 적합한 철학인가? 그가 철학적 거물이라 해도 그의 생각이 모두 맞는 것은 아닐 것이다.

인간도 자연의 일부이므로 진화론으로는 어떤 제약이나 행동 기준을 제시할 수가 없다. 극단적인 예를 들어 보고자 한다.

어떤 사람이 부모를 살해하는 패륜적 범죄를 저질렀는데, 법정에 서자 진화론자인 변호사는 피고가 성장과정에서 부모의 학대를 받아왔으므로 생명에 위협을 느끼고 자신을 지키기 위해 어쩔 수 없이 부모를 살해했는데, 부모란 결국 종의 보존을 위해 존재한 윗세대의 생물에 불과하고, 부모나 자식이 필연적으로 서로를 원한 것이 아니며, 무작위적 자연법칙에 의해 만났을 뿐이라고 전제한다. 종의 확산을 위해 부모는 사랑이라는 본능을 작동해야 했지만 그것이 불규칙하게 나타날 수 있으며, 자식 역시 부모에 대한 도덕적 기능이 부실한 돌연변이이므로 딱히 죄를 규정할 수 없다는 의견을 제시한다.

증언을 하러 온 진화 생물학자는 이것이 사회적인 현상이며 생물 중에는 가족에 헌신적인 개체들도 있는 반면 짝짓기 후 수컷을 먹어치우는 사마귀와 같은 인간의 조상도 있으므로 폭력적이지만 돌연변이에 해당하며 스스로 그런 포악함을 택했다기보다는 자연 선택적으로 개체 조절 과정에서 이루어진 일로 본다는 의견을 내놓는다. 이어 등장한 진화 심리학자는 이런 폭력성의 발현은 단세포 동물 때부터 살아남기 위한 정글의 법칙과 같은 것이므로 정상 참작의 여지가 있다고 보며, 유전자적 결함으로 인한 것이니 피고에게는 형벌보다 격리치료가 우선이라고 말한다. 이에 배심원들과 재판관은 무죄로 판결한다.

비약적인 예지만, 요즘 이루어지는 일들이 대개 이런 식이다. 세상의 지식은 엄청나게 많아지고 있지만 어떤 절대 선도 제시할 수 없다. 모든 일에 이유가 있고 저마다 다른 연구 결과가 있다. 무엇이 죄악이고, 왜 부모에게 그래서는 안 되며 친구를 괴롭혀서는 안 되는지 교육할 근거들이 점점 희박해지고 있다.

학문이 정답 없이 표류하고 있다. 그것은 인간이 도덕적으로, 또 남을 사랑하고 존중하며 살아야 할 이유들이 진화론으로는 당위성을 찾을 수 없으며 설득력이 전혀 없기 때문이다.

실용주의의 한 줄기가 '궁극적인 실재에 관한 지식에 도달하는 것은 불가능하다는 것'이라고 했다. 이는 결국 불가지론이며 진화론의 또 다른 모습이다. 이런 진실의 핵심을 겉도는 철학으로 교육생들에게 어떤 행동기준을 제시하고 가르쳐 줄 수 있었겠는가?

모든 관점을 녹이는 진화론

자연은 헛되이 움직이지 않으며 모든 것에 목적이 있다는 전통적 생각을 깬 것이 진화론이다. 자연에서 종의 생존은 환경에 대한 적응에 의해 결정되고, 결국 강한 것이 살아남는다. 이에 따르면 당연히 모든 것이 불확실한 상태에 놓이게 된다. 이처럼 듀이가 생각한 인간의 개념에 큰 영향을 끼친 두 요소는 바로 '종은 변화한다는 것'과 '적자생존'의 원리이다.

진화론은 투쟁적이지만, 본능적이고 무작위적이며 무목적적이다. 그래서 미국의 철학자 다니엘 데넷(D. Dennett)은 진화론을 일컬어 '보편 산(universal acid)'이라고 지칭했다. 그가 어릴 적 상상한 '보편 산'은 모든 것을 녹여버리는 강력한 산(酸)을 뜻한다. 이처럼 진화론은 거의 모든 전통적 종교와 사상과 가치들을 녹여버리는 개념이다. 그래서 데넷은 진화론을 또한 '다윈의 위험한 생각'이라고 불렀다.

존 듀이는 이런 개념을 가지고 교육의 기틀을 마련했고, 미국은 오랫동안 그런 과정 속에서 성장했다. 프랭키너(W. K. Frankena)는 듀이에 대해 이렇게 비판하고 있다. 듀이는 65년이 넘게 교육에 관한 많은 저술을 남겼지만, 그 저술들의 체제는 방대하고 반복적이었으며, 독자적이었고 체계적이지 못했다는 것이다. 또한 그의 문체가 매우 애매했기 때문에 어떤 관점을 특정한 입장으로 명확히 밝히거나 설명하지 않았다고 한다. 그래서 늘 모호하고 두루뭉술한 그의 저서와 기타 인용문을 끊임없이 염두에 두어야 하기 때문에, 그로부터 큰 도움을 받을 수 없다는 것이다.

이런 견해는 듀이를 연구한 이들이 대개 갖고 있는 생각이며, 이들은 듀이의 철학이 방대하긴 하나 이론적으로 잘 정립되거나 체계적인 것은 아니라고 논평하고 있다. 본서에서도 듀이의 글과 발언에 관한 것들을 일부 소개했으나, 그 표현이 명확히 어느 편에 서 있는지 애매모호하고 논리적이지 않아서 여러 의미로 해석할 수 있어 보인다.

듀이는 70회 생일에 한 기자로부터 '철학이 한마디로 무엇인가' 라는 질문을 받고, 그것은 '과학' 이라고 대답했다. 과학이란 명백한 원인과 결과가 설명되는 것으로, 실험에 의해 모든 것이 선명해지는 분야이다. 그러나 그런 철학을 전혀 과학적이지 않은 신념인 진화론으로 일관한 그가 제시한 교육 철학이란, 설령 훌륭한 점이 있다 해도 그 기본적 전제에 커다란 문제가 있다고 볼 수 있는 것이다.

다음은 듀이 철학에서 큰 줄기를 이루는 '성장' 에 대한 그의 설명이다.

> 청소년의 활동을 지도함에 있어서, 사회는 청소년의 미래를 결정하므로 그 고유한 미래를 결정한다. 한 시기에 있는 청소년은 약간 나중의 시기에는 그 시기의 사회 성원이 될 것이므로, 그 성원의 자질은 아동의 활동이 초기에 받게 되는 지도에 의하여 결정될 것이다. 나중의 결과로의 이러한 행동의 축적적인 운동이 성장이라고 하는 것이다.
>
> - 같은 책 p.41

듀이는 너무나 당연한 이야기를 철학적으로 조금 길게 설명했다. 쉬운 말로 '교육은 백년대계' 라는 것이며, '순간의 선택이 10년을 좌우한다' 는 말처럼 누구나 알고 있는 사실이다. 교육의 축적이 성장으로 이어지는 것은 당연한 일이다. 그런데 모든 개념을 녹이는 '보편 산' 과 같은 진화론이라는 도구가 교육에 합당한 것일까? 우리는 과연 진화론을 전제로 하여 사람을 바르게 성장시킬 수 있을까?

 이 질문에 대한 대답은 미국이 그랬듯이 현재 이루어지고 있는 진화론 일변도의 교육이 말해줄 것이며, 그 결과는 이미 우리의 눈앞에 암울하게 펼쳐지고 있다.

8
제임스 왓슨 *James Watson*
DNA 나선 구조를 발견한 분자생물학자

"흑인은 백인에 비해 지능이 떨어진다."

"Sunday Times" 2007. 10. 14 - James Watson

크릭과 함께 DNA 이중 나선 구조를 발견한 학자

미국 시카고 출신의 제임스 왓슨(1928~)은 1953년 프랜시스 크릭과의 공동연구로 DNA의 구조에 관하여 이중 나선 형태의 모델을 발표한 세계적인 분자생물학자이다. DNA 나선 구조에 관한 논문은 무척 짧았지만, 과학계에서는 대단히 획기적인 진전이었다. 이로써 생물의 유전정보 전달체계를 알 수 있게 되었고, 의학 등 각 분야에 큰 변화를 가져왔다. 왓슨은 이 연구와 관련해 크릭, 윌킨스(M. H. F. Wilkins)와 함께 DNA의 분자구조 해명과 유전정보 전달과정을 분석한 업적으로 노벨 생리 의학상을 수상했다(1962). 왓슨은 분자생물학 분야의 거목으로, 1950년대부터 캘리포니아 공과대학 생물학 주임 연구원, 하버드대학교 생물학 교수 등으로 일했다. 이후 게놈 프로젝트의 초대 책임자를 역임하기도 했다.

> **DNA 구조를 발견한 세계 최고의 생물학자 왓슨의 인종차별 견해는 유전자 정보면에서 타당한 근거가 있는 것일까?**

세계적인 뉴스가 된 왓슨의 인종차별 발언

가장 영향력 있는 현대 생물학자 중 한 명인 제임스 왓슨은 1988년 미국 국립보건연구소(NIH)의 인간유전체연구 프로젝트 책임자가 된다. 이 프로젝트는 인체의 모든 유전자의 배열순서를 파악하여 유전자지도를 만드는 것을 목표로 시작되었다.

왓슨은 콜드스프링스하버 연구소(CSHL) 소장으로 있으면서 그 일을 동시에 맡은 것이었다.

그러나 이 계획에는 정부가 결국 인간유전자에 대한 권리를 침해할 것이라는 우려의 목소리와 함께 각계의 비판도 많았다. 왓슨에 대해 호의적인 한 국내 서적에서 출처를 정확히 밝히지 않았지만, 이 논란과 관련해 다음과 같은 인터뷰 내용을 소개했다.

우리는 과거 우생학이 잘못 사용된 예를 잘 살펴보아야 합니다. 바로 미국과 독일에서 불완전한 지식이 거만하고 끔찍하게 사용되었습니다. 우리는 사람들에게 자신의 DNA가 개인적인 것이며, 아무도 그것을 손에 넣을 수 없다는 것을 확신시켜야 합니다. 우리는 그것을 보장할 법률을 제정해야 합니다. 그러나 그 법률은 많은 진지한 토론을 거친 뒤에 제정되어야 할 것입니다.

- 바에드워드 에델슨, 『DNA 구조의 발견과 왓슨, 크릭』 바다출판사. (2002) p.143

이 내용만 보면, 왓슨은 바른 생각을 지닌 과학자인 것 같다. 그러나 그의 생각이 변한 것일까, 아니면 이후 이루어진 연구 결과가 이론적 뒷받침이 된 것일까, 아니면 애써 감추고 있었던 진화론적 편견이 뒤늦게 드러난 것일까? 2007년에 뜬금없는 왓슨의 인종차별 발언으로 세계 과학계와 네티즌이 들썩거렸다. 그야말로 현대과학에 한 획을 그은 그가 '흑인들은 백인보다 지능이 떨어진다'고 주장해 파문이 일었던 것이다.

왓슨은 영국 〈선데이타임스〉와의 2007년 14일자 인터뷰에서도 '아프리카의 미래가 근본적으로 비관적'이라며, 이는 '우리의 모든 사회정책은 흑인들의 지능이 백인들과 똑같다는 사실에 기초해 수립되지만, 모든 연구결과는 실제로 그렇지 않기 때문'이라고 말했다.

그는 모든 인간이 똑같다고 여기려는 것은 자연스러운 욕구이지만, "흑인 직원들을 다뤄 본 사람들은 사실이 아니라는 것을 안다"며 인간 지능의 차이를 만드는 유전자가 10년 만에 발견될 수 있다고 말했다. 왓슨은 다음 주 나오는 자신의 책 『지루한 사람을 피하라(Avoid Boring People)』에서도 "진화 과정에서 지리적으로 갈라졌는데도 인간의 지능이 똑같이 진화했다고 기대할 어떤 명확한 이유가 없다"고 주장했다. 이번 인터뷰는 런던 과학박물관 강연 등을 위해 17일 왓슨이 영국을 방문하기에 앞서 이뤄졌다.

▶ DNA 나선구조를 발견한 후 모형을 만든 왓슨(왼쪽)과 크릭

왓슨은 암과 유전자 분야에서 과학적 업적을 인정받아 1962년 노벨 의학상을 받았지만, 성과 인종에 대한 차별적 시각으로 수차례 논란을 일으켰다. ……영국 하원 내무특별위원회 키스 배즈 위원장은 〈인디펜던트〉 17일자 인터뷰에서 "대단한 업적을 이룬 과학자가 이처럼 근거 없고, 비과학적이며 극단적으로 모욕적인 발언을 하다니 유감"이라며, "과학계가 왓슨의 개인적 편견으로 보이는 주장을 단호히 거부할 것으로 믿는다"고 말했다. 인종차별 반대 단체들은 왓슨의 발언이 인종증오죄로 처벌받을 수 있는지 검토할 것을 요구했다.

- "한겨레" 2007년 10월 17일자

이후 제임스 왓슨은 1968년부터 40년 가까이 몸을 담았던 콜드스프링 하버 연구소를 나오게 됐다. 이 연구소는 1904년 생물학자인 찰스 데이븐포트(C. Davenport)가 우생학을 연구하기 위해 철강 왕 카네기(A. Carnegie)를 설득해 설립한 연구기관이다. 제임스 왓슨의 퇴진은 역시 위와 같은 인종차별 발언 파문 때문인 것으로 보인다.

▶ 찰스 다윈의 사촌이자 우생학의 창시자인 골턴

왓슨의 흑인비하 발언은 우생학적 관점에서 나온 것이다. 찰스 다윈의 사촌으로 다윈의 진화론에 크게 감명 받은 프랜시스 골턴은 자신의 가문에서 뛰어난 인물이 많이 나온 것에 착안해 유전학에 관심을 가졌다. 그는 1865년에 발표한 논문에서, 교배 기술로 동식물의 품종을 개량하듯이 다른 인종에 비해 모든 면에서 탁월한 인종을 만들 수 있다고 주장했다. 이런 생각을 추종하는 학문은 우생학이라고 명명되었다(1883).

미국 정부와 나치 등이 채택한 우생학 정책

찰스 다윈도 이런 우생학적 개념을 가지고 있었다는 것은 잘 알려진 사실이다. 그가 그레이엄(W. Graham)이라는 사람에게 1881년에 보낸 편지의 일부를 보면 그 역시 인종 간의 능력과 지능에 차이가 있다고 주장하는 것을 알 수 있다.

좀 더 문명화되었다고 말하는 소위 코카서스 인종(백인)은 생존경쟁에서 미개한 터키 인을 멸망시켰습니다. 최근까지도 전 세계의 수많은 하류계층의 인종들은 문명화된 상류계층 인종에게 무시당하며 살아왔을 것입니다.

- Letter from Charles Darwin to W. Graham. (1881. 1. 3)

토머스 헉슬리 역시 공공연히 우생학적 개념에 동조한 사람이다.

……이성 있는 사람이라면 보통 흑인이 백인보다 더 우수하기는커녕 동등하다고도 생각하지 않는다.

- Thomas Huxley, Lay Sermons, Addresses and Reviews, New York : Appleton. (1871) p.20

우생학은 20세기 초반부터 대부분의 국가, 특히 미국의 공식적인 정부정책으로 채택되었다. 범죄와 가난, 사회악 등에 대한 대안으로서 설득력이 컸기 때문이다. 우생학적인 개념은 유럽 국가들과 미국의 아프리카 노예사냥과 인신 거래 등에 면죄부를 주는 기능을 했다. 노예를 잡아 부리는 부유층 백인들은 그들을 마치 짐승처럼 취급하고 인간 이하의 비인격적 대우도 서슴지 않았다.

이런 인종차별적 편견은 지금까지도 세계적인 큰 문제로 남아 있으며 분쟁의 씨앗이 되기도 한다. 그런 문제점들의 단면이 바로 최고 지식층인 왓슨 박사와 같은 진화학자들의 발언을 통해 극명하게 드러나고 있는 것이다. 이런 개념에 이론적 바탕이 된 것은 역시 우생학이다.

……우생학이 미국의 지배층을 사로잡은 이유는 자명하다. 우생학의 주장처럼 환경보다는 유전이 인간의 사회적 행동을 결정한다고 전제하면, 하층민을 생물학적 열등자로 몰아붙여 그들에게 사회악의 모든 책임을 전가하고 상류층의 기득권을 지키기 위해 공권력을 임의로 행사할 수 있기 때문이다. 미국에서 제정한 우생학적 법률에는 간질 환자, 저능아 또는 정신박약자의 결혼을 금지시킨 결혼규제법(1896), 범죄자와 정신병자에 대해 생식기능을 제거하는 단종법(1907), 유럽인들의 이민을 저지하기 위한 이민법(1924) 등이 있다.

……미국의 우생학 운동이 거둔 최고의 승리는 1924년 통과되어 1965년까지 존속한 이민법이다. 아일랜드인, 유대인, 이탈리아인 등 이민자들이 앵글로 색슨의 영향력에 도전했기 때문에 미국 지배층이 위기감을 느낀 나머지 유럽의 이민을 저지하려고 제정한 법률이다. 그러나 1929년의 대공황이 우생학의 존립 근거를 송두리째 흔들어놓았다. 백인 상류층이 하류층 이민자들과 함께 공짜로 빵을 배급받으려고 같은 줄에 서 있는 상황에서 어느 특정 인종이 생물학적으로 우월하다는 주장은 설득력이 없었기 때문이다.

- 이인식 과학문화연구소장 "주간경향 매거진" 2008년 7월 29일자

과학자들의 우생학적 편견과 발언들

우생학의 관건은 지능이 유전되는가 하는 문제이다. 지능 유전설은 미국의 아서 젠슨(A. Jensen)에 의해서 제기되었다. 그는 1969년 지능지수의 80%가 선천적으로 물려받는 것임을 주장하는 논문을 발표했다. 젠슨은 천부적으로 인종 간에는 차이가 존재한다는 점을 부각시키면서, 인종적 차이에 대해 흑인보다는 높은 지능을 가진 백인에게 더 책임이 크다고 말하기도 했다.

이외에도 많은 현대 과학자들이 우생학적 인종차별 발언을 해서 종종 문제가 되곤 했다.

> 흑인이 백인처럼 진화하려면 거의 무한대의 시간이 필요하며…… 5천억 년이 지나야 돌연변이와 자연선택에 의해 흑인이 백인을 능가할 수 있다는 가능성을 인정해야 할 것이다.
>
> - C. Putnam, "Race and Reason : A Yankee View", Public Affairs Press, Washington DC. (1961) p.53

> 지식인들은 아메리칸 흑인들을 구제불능에 변화할 가능성도 없는 열등한 존재로 간주한다.
>
> - S. W. Mintz, "American Scientists", 60. (1972) p.387

프랜시스 크릭은 "어떤 신생아를 막론하고 유전적 자질에 대한 검사를 받기까지는 인간으로 인정해서는 안 된다. 그 검사에서 실격하면 생존권을 박탈할 수밖에 없다"고 주장했다. 1954년 노벨 화학상을 탄 라이너스 폴링은 "젊은이는 모름지기 각자의 유전자형을 나타내는 문신을 이마에 새겨야 한다. 그러면 무서운 유전병의 유전자를 가진 사람과 사랑에 빠지는 불행을 막을 수 있다"고 말했다. 1956년 노벨 물리학상을 받은 윌리엄 쇼클리는 "지능이 낮은 사람들이 자손을 많이 퍼뜨려 인류의 지능 수준을 낮추므로 지능지수가 100 미만인 사람들은 아기를 낳지 못하도록 거세해야 한다"는 극단적인 주장을 펼치기도 했다.

- 이인식 과학문화연구소장 "주간경향 매거진" 2008년 7월 29일자.

골턴의 법칙에 의하면, 개개인의 인격은 모든 조상들의 총합이며, 4분의 1만이 양친으로부터 온 것이라고 했다(1897). 그러나 이런 이론은 1900년 멘델의 법칙이 재발견된 이후 무너졌다. 그럼에도 불구하고 우생학적 개념은 많은 철학과 교육, 정치에 파고들어 1950년대까지 공공연히 지속되었으며, 이후에도 왓슨과 같은 발언들이 심심찮게 등장하여 물의를 일으키고 있다.

인간 게놈 프로젝트는 가능한가

왓슨의 인종 차별적인 발언 충격에는 2001년 완성된 인간 게놈 프로젝트의 미래에 대한 불안감이 반영돼 있다. 인간의 유전자가 행동을 결정하는지, 양육과 교육이 결정하는지에 따른 논쟁이 치열하기 때문인 까닭도 있고, 향후 인간의 탐욕에 의해 유전자 조작이 가능하여 유전자의 양극화와 인간성 상실의 암울한 미래가 오지 않을까 염려하는 눈길들 때문이기도 하다. 또한 히틀러나 백인우월주의자 집단의 망령이 되살아나 이미 열악해질 대로 열악해진 흑인 국가들에 대한 또 다른 형태의 지배나 억압이 자행될까 염려할 수밖에 없으며, 자본주의 세계에서 부유함이 곧 유전자 업그레이드의 조건이 되어, 결국 부유층과 권력층의 더 깊은 결탁에 의한 양극화의 심화로 연결될 수밖에 없기 때문에 파문이 커지는 것이다.

다시 말하지만 인간은 하나의 인종뿐이다. 그래서 어떤 미개한 지역의 사람도 교육을 통해 인재로 자라날 수 있으며, 시민사회가 크게 발달한 선진국에도 끔찍한 살인범이나 지능이 부족한 사람 또는 생각의 수준이 저급한 사람이 있을 수 있는 것이다. 그러므로 경제논리에 의해 개발도상국의 국민들을 무조건 수준이나 지능마저 열악한 것으로 판단하거나 억압하는 일이 있어서는 안 된다. 현재 여러 인종으로 나뉜 것은 진화의 과정에 따른 차이가 아니고, 기후와 문화적 풍습, 전쟁 등에 의한 것이기 때문에, 사실상 특별히 좋고 나쁜 인종이나 유전자를 구분하기 어렵다. 더욱이 여러 인종이 혼합된 현대 사회에서 혈통을 구분하는 일은 점점 더 어려워지고 있는 실정이다. 왓슨을 비롯한 어떤 우수한(?)

혈통의 백인도 그들이 미개하다고 생각하는 아프리카 흑인과 다른 양질의 피를 지니지 못했다.

재미있는 것은 제임스 왓슨이 일반 백인보다 16배나 많은 흑인 유전자를 지닌 것으로 드러났다고 영국의 일간 〈더 타임스〉가 보도한 것이다(2007년 12월 9일자). 이 기사에 따르면, 왓슨의 유전자에서 일반 유럽계 인종보다 16배 많은 16%가 아프리카 출신 흑인 조상의 것이 발견됐다고 한다.

> 인터넷에 공개된 왓슨의 게놈지도를 분석한 아이슬란드의 생물약제기업 디코드는 "(왓슨의 흑인 유전자 비율은) 증조부모 중 한 명이 흑인인 사람에게서 나타날 수 있는 것"이라며 "왓슨한테서 이런 결과가 나오다니 매우 놀랍다"고 말했다.
>
> - "연합뉴스", 2007년 12월 10일자.

결론적으로 우생학적 개념은 승자들의 논리이며 인간의 교만과 사악함을 드러내는 폭력성을 가진 이론이라고 할 수 있다.

최근에는 유전학이 발달하면서 남녀는 물론 인종과 민족 등에 따른 인간 개개인의 특성이 모두 유전적 원인에서 비롯된 것으로 보는 결정론적 경향이 힘을 얻고 있다.

이런 진화론적 사고의 확대는 진화생물학, 진화심리학 등의 학문 형태로 나타나고 있는데, 모든 것을 진화과정에 의한 유전자의 탓으로 보고 인간의 행동과 사회현상 등을 분석하는 학문이다. 이 역시 명확한 증거나 기준 및 결론이 없이 공허한 주장만 무성하다. 오히려 그 해악의 결과로, 인간의 인격과 재능과 위치를 자신들의 이론 안에서 가두고 폄하하며 편 가르기를 하는 일에 일조하고 있다.

사람과 자연과 우주는 어떤 목적에 의해 정확히 조화를 이루도록 설계된 것이 아니라, 무작위적이거나 운명론적으로 결정되어 있으므로, 그 진화과정의 한 선상에서 인간의 힘을 이용해 물길을 좋은 쪽으로 돌려 보겠다는 것이 우생학이며 특정 민족에 대한 우월주의다. 진화론이 교육되고 진화를 전제로 한 학문들이 세상에 널리 퍼져 있는 한 이러한 문제들은 결코 해결되지 않을 것이다. 인간과 자연과 우주는 하나의 목적으로 설계되어 한 치의 오차도 없이 정확히 균형을 유지하고 있다. 어느 것 하나라도 균형이 깨어지면 안 되기 때문에 존 듀이가 주장한 다중우주계(multiverse)가 아닌 단일우주계(universe)인 것이다.

인류는 이제 스스로를 파멸시키는 진화론을 버리고 합리적인 대안을 찾아야 한다. 그것이 세상을 살리는 길이며, 후손에게 인간적이고 평화로운 세상을 물려주는 길일 것이다.

| 천재 과학자 니콜라 테슬라의 진화론적 관점 |

"인간은 살점이 붙은 자동 기계이다."

▶ 니콜라 테슬라

유고슬라비아 출신의 미국 과학자 니콜라 테슬라(Nikola Tesla, 1856~1943)의 이름은 일반인에게는 다소 생소할지 몰라도 과학자들에게는 매우 매력적이고 상징적인 이름이다. 미국의 경우 과학자 열 명 중 여덟 명은 테슬라의 전기를 읽고 과학자의 길을 선택했다는 대답을 한다.

토머스 에디슨(T. Edison)과 동시대를 살며 함께 일하기도 했던 그는 에디슨을 뛰어 넘는 천재였다고 한다. 현실적이고 사업적 수완이 뛰어났던 에디슨에 비해 그는 비운의 인물이었고, 정신분열적 몽상가에, 신비스럽고 독창적인 과학의 세계를 탐구했던 독특한 인물이었다. 그는 에디슨의 직류 방식 전기를 교류로 바꾼, 당시로서는 생각하기 어려운 기술을 상상하고 또 실현해낸 사람으로, 지금도 그가 시작한 연구들은 지속적으로 진행되고 있다.

테슬라는 에너지를 무선으로 전 세계에 송신할 수 있다고 장담했는데, 그가 마무리하지 못한 이 기술은 지금도 연구 중이다. 그 밖에 투자가 막혀 실현되지 못한 연구들도 많다. 그는 현대에 흔히 쓰이는 모터라든지 유도 전동기, 교류 발전기, 변압기, 형광등, 라디오, 고압 전원을 위한 테슬라 코일 등을 만들어 많은 특허를 내기도 했고, 최초로 인공번개를 만들기도 했다. 휴대폰이나 휴대용 TV, 인터넷 신문, 이메일 개념의 송신기술 등이 가능하다는 사실을 1920년대에 이미 주장한, 앞서가는 인물이었다.

전력공학과 무선 통신기술의 발전과정에는 거의 모든 단계에 테슬라의 이름이 있으며, 그가 한발 앞서 개발한 것들이었다. 전자기력의 세기를 재는 단위 테슬라(T)도 그의 이름에서 비롯된 것으로, 병원에서 자기공명영상(MRI) 촬영을 할 때 1.5T, 3.0T라고 부르는 것들이 바로 '테슬라'라는 단위이다.

그의 기인 같은 행동과 천재성 때문에 테슬라는 금성에서 온 고차원적 화신과 같은 존재라는 소문까지 났을 정도였다. 시를 쓰기도 했던 그는 사실 진화론적 생각에 깊이 몰입한 사람이었다. 그의 전기인 『니콜라 테슬라(Tesla : Man Out of Time)』를 쓴 마가렛 체니(M. Cheney)는 테슬라의 일생에 대해 프롤로그를 이렇게 시작하고 있다.

테슬라의 꿈은 지구를 굶주림과 고통에서 벗어나게 하고, 세계 곳곳으로 통신을 가능하게 하며, 기상을 조절하고, 충분한 에너지를 공급하고, 꺼

지지 않는 빛을 만들고, 다른 행성에 존재하고 있다고 믿는 생명체와 소통하는 것이었다.

- Margaret Cheney "Tesla : Man Out of Time", 1981. 『니콜라 테슬라』, 양문. (2002) 서문.

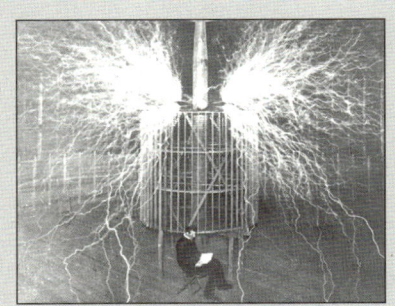
▶ 콜로라도 스프링스 실험실의 테슬라.
그의 주위로 수백만 볼트의 전기 방전이 이루어지고 있다.

실제로 그는 과학문명을 100년 앞당기고 놀라운 상상들을 실현시킨 사람이었다. 그러나 그는 인간을 진화론적 관점에서 바라본 논리들로 부터 큰 영향을 받았던 것이 분명하다. 그 자신이 외계 생명체를 만나고 싶어 했는데, 생명의 기원 역시 자연발생이거나 외계의 존재로부터 기인했다고 생각한 것 같다.

진화론에는 '생명기계론'이라는 학설이 있다. 생명은 우연히 발생해 이어오며, 가장 진화된 존재로 발달한 것이 인간이라고 주장한다. 그러나 인간도 어차피 진화의 산물이므로, 어떤 외부 자극에 의해 행동을 결정하고 사고한다는 것이다.

그러므로 이런 현상을 잘 연구하면 인간을 특정한 방식으로 유도할 수 있다고 말한다. 이러한 의미에서 테슬라도 인간을 '살점이 붙어 있는 기계'로 보았다. 또한 로봇을 인간처럼 만들어낼 수 있다고 생각했다.

이처럼 인간이 지닌 요소들을 조절할 수 있다고 믿었던 테슬라는 갈수록 우생학이 확고한 위치를 차지할 것으로 믿었다. 당시 우생학적 논리에 따라 인간이 종과 문명을 양립시킬 수 있는 유일한 방법은 인간의 생식본능을 의도적으로 적절히 유도하고 불임기술을 활용함으로써, 열등인자가 양육되지 못하도록 하는 것이라고 주장하는 이들이 있었다. 몇몇 유럽 국가들과 미국 내 여러 주에서는 죄수와 정신이상자들을 불임시키는 등의 방법으로 우생학을 실천하기도 했다. 이에 대해 테슬라는 다음과 같이 말했다.

……우생론자들 사이에서는 결혼을 좀 더 어렵게 만들자는 주장도 일고 있다. 좋은 부모가 될 수 없는 사람들의 경우는 자손을 낳지 못하게 해야 한다. 앞으로 약 100년 후에는 상습 범죄자들은 물론이고 우생학적으로 어울리지 않는 사람과도 더 이상 결혼을 하지 않게 될 것이다. 그리고 2035년에는 보건장관이나 문화체육장관이 국방장관보다 더 중요한 위치를 차지하게 될 것이다.

- 같은 책, p.403

인간을 하나의 기계로 볼 때 존엄성 같은 것은 필요가 없게 된다. 단지 그 기계가 얼마나 더 많이 진화하여 다른 기계들을 선도하고 더욱 진화해 나갈 수 있는 우수한 상태인지가 중요할 뿐이다. 그래서 나쁜 부속

품을 갈듯이 종자를 개량하여 완벽에 가까운 존재로 만들 수 있다고 믿는 것이다. 테슬라는 자신의 생명기계론적 관점을 종교의 핵심 사상처럼 중요한 진리라고 여겼다. 그는 우주와 인간 자체가 하나의 기계처럼 돌아간다고 믿었으며, 따라서 조절도 가능하다고 생각했다.

> 우주는 시작도 끝도 없는 하나의 거대한 기계이다. 인간도 자연의 질서에서 예외일 수가 없기 때문에 우주처럼 우리 인간도 하나의 기계이다. 직접적이든 간접적이든, 우리의 감각기관을 두드리는 자극에 반응하지 않고는 어떤 것도 우리 마음속에 들어올 수 없고 어떤 것도 우리의 행동을 결정하지 못한다.……시간이 흐르면서 우리 인간은 대단히 복잡한 매커니즘을 갖게 되었지만, 우리가 '영혼' 또는 '정신'이라 부르는 것도 결국은 인체의 여러 기능들이 복합적으로 작용하여 나타난 결과일 뿐이다. 따라서 인체의 기능이 멈추면 영혼이나 정신도 같이 멈추게 된다.
>
> - 같은 책, p.402

그러면서 인간은 비슷한 신체구조를 지니고 주변 환경도 비슷하기 때문에 유사한 자극에는 같은 식으로 반응하므로, 이런 여러 반응들이 하나로 조화되면서 '이해'가 이루어지는 것이라고 했다.

이 얼마나 인간에 대한 과소평가인가. 온 우주에서 가장 복잡한 구조를 지니고 있다고 많은 과학자들이 입을 모을 정도로 인간의 두뇌는 정교하다. 사람은 진화론으로 풀 수 없는 미스터리한 요소들을 많이 가지고 있다. 인간은 자신의 불편을 감수하면서도 남을 사랑할 줄 알고, 자신의 목숨까지도 버리면서 타인을 위해 봉사하기도 하며, 자신보다 열악하고 심지어 장애를 가진 사람과도 결혼하여 평생 헌신하고 아끼며 살아갈 줄도 안다. 그렇다면 이런 사람들은 다른 평범한 사람들에 비해 외부자극에 대한 반응이 다르므로 제 기능을 못하는 '고장난 기계'인가? 하지만 이런 사람들이 없었다면 인류가 지금껏 이만큼이나마 평화롭게 유지되었겠는가?

테슬라는 전쟁에 대한 예측이나 세계 식량난 등에 대해 낙관했지만, 인간의 본성이 이런 문제들을 유연하게 만들지 못했다. 인간은 생각보다 훨씬 악하기도 하고, 그렇게 단순한 기계도 아니기 때문이다.

이런 사고를 지닌 과학자가 과학계에 엄청난 영향을 주고 있다는 것은 인간의 힘을 과신하는 과학의 위험성에 대해 말해주는 것이다. 세계관이 편향적이고 병들어 있을 때 어떤 천재성이나 탁월함도 빛을 발할 수 없으며, 진정으로 인간을 이롭게 할 수 없다는 것을 우리는 알 수 있다.

테슬라의 과학적 업적은 대단한 것이었지만, 그의 괴팍함과 잘못된 가치관은 그의 말년을 우울하게 만들었다. 그가 꿈꾸던 거의 완벽한 세상은 아직도 실현되지 않은 것은 물론, 인류는 오히려 더욱 큰 위기에 빠져 있다. 바로 외부자극이 없어도 본성적으로 지니고 있는 인간의 탐욕 때문이다. 세상은 천재 과학자가 바꾸는 것이 아니라, 기계로 치면 마치 고장난 듯이 보이는 인간의 희생정신 그리고 '약육강식'이 아닌 '상리공생'의 정신으로 이롭게 바뀌며 유지되고 있는 것이다.

그럼에도 불구하고 최근까지 '행동주의 이론'이라 하여 인간의 생각이나 판단 자체가 자기 스스로 한 것이 아닌 외부 자극과 갖가지 작용들의 결과물이라는 진화심리학적 해석과 책들이 많이 나와 있다. 그렇지만 그들도 한치 앞을 모르는 것은 마찬가지이기에, 세계는 테러와 전쟁의 위협 속에 항상 노출돼 있다. 세포 하나도 만들어내지 못하는 인간이 그 많은 변수가 있는 인간 행동을 예측하려는 것은 오만이자 기만이 아닐 수 없다.

이 모든 것을 가능하다고 믿게 만드는 진화론의 관점이 과학적이거나 증거를 토대로 이룩됐다면 물론 인정할 수 있다. 증거가 많지 않다 해도 그 관점이 인류 지향적이며 인간의 존엄함을 담보로 하고 있다면 그나마 귀를 기울일 수 있을 것이다.

그러나 잔뜩 사고만 치고 수습은 하지 않는 안하무인격의 진화론은 대체 무슨 이론이라고 할 수 있을까? 단지 특별 창조나 지적인 존재의 설계라는 가설을 거부하기 위해 인류는 이토록 많은 상상과 억측과 시행착오를 거치면서 세월을 낭비하고, 또 무수한 가치들을 계속 덧없이 흘려보내야 하는 것일까?

세상에서, 그리고 과학에서 진화론을 몰아낼 때 비로소 인류의 진정한 가치들이 제자리로 돌아온다는 것을 분명히 알아야 할 것이다.

9
조지 월드 *George Wald*
노벨 의학상을 수상한 하버드대학교 교수

"나는 과학적으로 불가능한 것을 믿기 원한다."

"Innovation and Biology" - George Wald

노벨 생리 의학상을 수상한 과학자

뉴욕 출생인 조지 월드(1906~1997)는 1948년 하버드대학교의 교수가 되었다. 망막의 간상체에 포함된 로돕신이라는 물질이 레티넨이라는 화합물을 결합하고 있는 단백질이며, 체내에서 비타민 A로부터 생성된다는 것을 밝혔다. 비타민 A가 부족할 때 야맹증이 되는 것은 이런 원인 때문인데, 1967년 이 연구로 스웨덴의 그라니트(R. A. Granit), 미국의 하틀라인(H. K. Hartline)과 함께 노벨 생리 의학상을 받았다.

> **❝ 자연발생이 불가능하지만
> 철학적 이유로 그것을 믿는다면서
> 긴 시간이면 자연발생이 가능하다는
> 주장은 모순이 아닌가? ❞**

우연 발생 vs. 지적 설계

조지 월드는 저서나 발언 등이 국내에 알려진 것이 많지 않은 인물이다. 또한 진화론 학계나 과학계에서도 이 책에 등장하는 다른 과학자들만큼 크게 알려진 바는 없다. 그러나 조지 월드의 두 가지 이야기는 진화론의 진면목을 매우 극명하게 드러내고 있다.

생명의 기원은 단 두 가지의 경우만 상상할 수 있다. 바로 특별한 창조, 즉 어떤 지적인 존재가 기적적으로 우주와 만물을 만들어 낸 뒤로부터 모든 것이 존재한다는 가정과, 무언가 알 수 없지만 저절로 생겨난 물질들이 스스로 기능을 더해가며 진화하여 오늘날에 이르렀다는 가정, 이 두 가지이다. 그밖에는 다른 것을 제시할 수가 없다. 어느 누구도 이것을 증명할 수 없지만 일단 한 가지를 선택해 상정해 놓지 않으면 그 다음의 논리를 펼 수가 없다. 이것이 기원과학이다.

이에 대해 조지 월드는 다음과 같은, 모순되는 듯하지만 매우 상징적인 말을 남겼다.

> 생명의 기원에 대해 언급할 때, 우리에게는 단 두 개의 가능성만이 있다. 신의 초자연적 창조 혹은 우연 발생과 진화. 이 외의 또 다른 가능성은 있을 수 없다. 자연 발생은 이미 120년 전에 루이 파스퇴르 등에 의해 가능성이 없는 것으로 판정이 났으므로 신의 초자연적 창조라는 단 하나의 결론만이 남게 된다. 그러나 나는 철학적인 이유 때문에 신을 믿을 수 없다. 그러므로 나는 과학적으로 불가능한 것을 선택했으며, 그것은 바로 생명이 우연히 발생하여 진화했다는 것이다.
>
> - George Wald, "Innovation in Biology," Scientific American, Vol. 199. (1958) p.100

조지 월드의 이 말은 과학자로서의 양심이 다소 살아 있는 말이 아닐 수 없다. 과학적 증거까지 무시하고 없는 증거를 발판 삼아 진화를 무작정 주장하며 오류가 드러나도 끝까지 돌아서지 않는 진화론자들과는 분명 다른 선언이다. 생명이 무생명에서 생성될 수 없음을 인정한 부분에 한해서 그렇다는 뜻이다.

자연발생설 vs. 생물속생설

그가 살던 시대로부터 120년 전에 이미 밝혀졌다는 그 '사실'은 파스퇴르(L. Pasteur)의 '생물속생설'을 말하는 것이다. 과거에 과학이 발달하기 전에는 해괴하고 비상식적인 주장들이 과학으로 인정받기도 했고, 불필요한 논쟁으로 이어지기도 했다. 생명의 '자연발생설' 또한 그 역사가 매우 길다. 고대 그리스의 석학인 아리스토텔레스는 무척추동물은 물론 쥐나 뱀장어, 개구리 등이 자연적으로 발생할 수 있다고 주장했다. 수많은 자연발생 지지자들이 과학의 발달과 함께 잦아들긴 했으나, 19세기의 라마르크 같은 학자들도 현미경을 통해 볼 수 있는 생물이 자연적으로 발생할 수 있다는 황당한 주장을 했다. 그 외에 밀폐된 쌀 창고에 쥐가 생기는 것은 외부의 침입이 아니라 쌀에서 생겨난다는 주장, 고기 국물에 초파리 등 벌레가 생기는 것도 그 안에서 어떤 작용이 일어나 저절로 발생하는 것이라는 주장과 저서들이 어설픈 실험과 함께 자주 제시되면서 그 명맥을 유지해 왔다.

그런데 이런 자연발생설을 비판하며 명백한 과학적 실험, 그것도 매우 간단한 실험으로 입증한 사람이 바로 파스퇴르였다. 그는 고기 국물을 공기 중의 미생물 포자가 침입하지 못하도록 완벽히 차단하면 절대 어떤 단순한 생명체도 생기지 않는다는, 지금 보면 너무나 당연한 결과를 발표했다. 이로써 모든 자연발생설은 사실상 그 생명을 다한 것이다. 어떤 방법으로도 단순한 박테리아조차 만들어 낼 수 있는 사람은 없다. 리처드 도킨스나 심지어 찰스 다윈조차도 해낼 수 없는 불가능한 일이다.

파스퇴르의 명백한 증거

조지 월드가 인정했듯이, 파스퇴르는 1861년 『자연발생설 비판(Memoire sur les corpuscles organizes qui existent dans l' atmosphere)』이라는 길지 않은 저서를 통해 강력하고 명확하게 과거의 자연발생설을 되짚으며 실험 결과를 소개했고, 그에 따른 명백한 진실인 '생명은 반드시 생명에서만 나온다' 는 명제를 확립했다. 이는 방대한 그의 연구 중에서도 발효 현상에 관한 연구와 함께 중요한 업적이다. 발효에 관한 연구 중 파스퇴르가 꼭 해결해야 할 문제가 있었는데, '발효액에서 효모(미생물)가 자연발생하는 것인가' 에 관한 것이었고, 실험을 통해 자연발생이 아니며, 원인은 공기 중에 떠다니는 포자라는 사실을 증명했다.

또 다른 실험은 광학 이성질체에 관한 것이다. 유기화합물을 인공적으로 합성하면 항상 'L-형' 과 'D-형' 이 절반씩 섞인 혼합물질(라세미체)이 만들어진다. 밀러의 실험에서도 마찬가지였다. 절반을 차지하는 'D-형' 은 기능이 없거나 독성을 나타낸다. 그 때문에 죽은 물질일 수밖에 없으며, 번식이나 어떤 새로운 생명물질이 만들어지는 것이 불가능하다. 반면에 생명체에서 만들어지는 모든 물

▶ 자연발생설을 실험으로 비판하고 생물속생설을 확립한 루이 파스퇴르

질은 이와 달리 모두 'L-형'과 같은 광학 이성질체로 구성돼 있다. 이것이 파스퇴르가 말한 '산 물질과 죽은 물질의 명확한 구분점'이 되는 것이다.

이처럼 자연발생의 증거는 없으며 불가능하다는 생물속생설이 뒤집힌 역사는 오늘날까지 전무하다. 밀러의 실험에서도 언급했듯이, 밀러가 유기물과 전기 방전으로 만든 아미노산은 광학적 굴절의 형태로 보았을 때 생명체와 무관하며, 그런 아미노산의 구성으로는 생명의 번식이 불가능하다는 사실에는 이론의 여지가 전혀 없다(55쪽 참조).

쌀에서 쥐가 발생한다는 이야기가 황당한 것처럼, 먼지와 가스가 만물이 된다는 것도 똑같이 황당한 이론이다. 지적 설계론자들이 초자연적 창조나 설계를 믿는 것이 진화론자들에게는 더 놀라운 일일지 모르겠지만, 어쨌든 둘 중 하나는 명백한 진실이며, 최소한 실험과학이 진화론을 지지하지 않는다는 것은 부인할 수 없는 사실이다.

시간이 모든 것을 해결해 줄 것이라는 믿음

진화론과 마찬가지로 실험으로는 창조나 지적 설계론 역시 입증할 수 없다 해도, 최소한 생명의 자연발생이 불가능하다는 것은 입증할 수 있다. 이것은 빅뱅설을 비롯한 모든 자연적 기원설에 종지부를 찍는 것이다. 연결 고리가 없기 때문에 진화론자들은 아무 근거 없는 화학적 진화설에 목을 맬 수밖에 없다.

조지 월드의 다음 말은 바로 이런 사실을 인정하는 것이다. 과학과 상관없이 자기가 갈 수 없는 길은 이미 정해졌으므로 특별 창조나 설계 개념은 일단 제외하겠다는 것이다. 과학적이지 않은 것을 신념에 의해 선택하겠다는 발언이 일면 솔직한 표현일지는 몰라도 엄연히 비과학적인 선택인 것이다. 이것이 노벨상 수상자의 견해라는 것이 놀랍다. 그는 이런 가능성 없는 길을 택하면서 다음과 같은 발언도 했다. 위 발언보다 먼저 이루어진 것인데, 매우 상충되는 모순적 견해이다.

> 중요한 문제는 생명의 기원이 적어도 처음 한 번 형성된 현상 속에 포함되기 때문에 시간이 그것을 거들어주고 있다는 것이다. 아무리 우리가 이 사실이 불가능하리라 간주한다 치더라도 충분한 시간이 주어진다면 적어도 한 번은 확실히 발생할 것이다. ……시간이란 사실상 계획의 영웅이다.……그렇게 많은 시간이 주어진다면 '불가능한 것'이 가능해지는 법이며, 가능한 것이 있을 법해지고, 있을 법한 것이 실로 확실해진다. 우리는 기다리기만 하면 된다. 시간 자체가 기적을 행하는 법이다.
>
> - George Wald, "The Origin of Life" in the Physics and Chemistry of Life, New York : Simon & Schuster. (1955) p.12

시간이 행하는 기적이라는 것은 과학자로서 매우 궁색한 이야기가 아닐까? 그럼에도 불구하고 진화론 자체가 이것에 모든 것을 건다고 해도 과언이 아니다. 그래서 진화론자들은 기회 있을 때마다 연대를 길게 늘이기에 급급한데 시간만 늘여 놓으면 무엇이든 가능했을 것으로 위안을 삼을 수 있기 때문이다. 결국 시간이 그들의 '영웅'이며 그것이 신을 대체할 또 다른 신의 자리를 차지하는 것이다.

철학적으로 선택하고, 기호에 따라 길을 택하는 것이 과학이라면 우리는 과학의 의미 자체를 다시 정의해야 하는 것 아닐까? 또한 그런 것이 과학이라면 학생들이나 대중에게 그것만을 '사실'로 주입해서는 안 되는 것이 상식 아닌가? 진화나 자연발생이 불가능하다는 것은 프레드 호일도 인정했다. 그러나 그는 유일한 가능성인 초자연적 창조로 눈을 돌리지 않고, 대신 외계 존재의 생명 전달 가능성을 피력했다. 이는 같은 맥락의 가설에 머무르는 생각이다.

외계를 상정한다 해도 자연발생이 일어날 수 없다는 것은 자명한 일이며, 기원에 대해 여전히 큰 의문을 남기는 또 다른 불가지론에 지나지 않는다. 초자연적 창조나 설계론이 마음에 들지 않는다 해도 진화론에 과학적 가능성이 없다는 사실을 인정하는 것이 진정한 과학자다운 태도가 아닐까? 우리는 조지 월드와 같은 과학자가 진화론을 철학적이며 개인적인 믿음으로 옹호한 것이지, 과학적인 근거로 선택하여 주장하는 것이 아님을 분명히 알아야 한다.

| 철학적 이유로 진화론을 선택한 사람들 |

"내가 진화론을 선택할 수밖에 없는 이유"

진화론자들 중에는 증거를 찾지 못하거나 계속 업데이트되는 학설 속에서 허무를 느끼는 이들이 많다. 이들 중 극소수는 양심에 따라 지적 설계론자가 되기도 하지만, 대부분은 진화론을 토대로 여전히 활동하거나 진화론을 끝까지 고집하다 생을 마감한다.

그런 과학자들이 진화론에 회의를 느끼는 발언을 하는 경우가 종종 있는데, 이들도 조지 월드와 마찬가지로, 그렇다고 창조론이나 지적 설계를 믿는다는 의미는 아니다. 자신들의 탐구에 답이 없음에도 불구하고 반대편의 논리를 믿을 수 없기에 입장을 고수하겠다는 의미로 받아들여야 할 것이다.

다음 발언들은 진화론 진영의 과학자들이 진화론을 고집할 수밖에 없는 이유를 드러내는데, 그것이 과학적 증거나 타당한 논리에 근거한 것이 아님을 알 수 있다.

T. L. 무어 : 고생물학자인 무어(T. L. Moor)는 진화를 가능하다고 믿는 것은 과학이 아닌 철학적 문제임을 인정하고 있다.

합리적인 견해는 자연발생을 믿는 것이다. 다른 대안은 오로지 단번에, 원초적 행위로서의 초자연적인 창조가 있을 뿐이다. 셋째 대안이 없다. 이러한 이유 때문에 많은 과학자들이 한 세기 동안 '철학적 필연성'으로서 자연발생을 믿음으로 선택한 것이다.

- T. L. Moor, "The Dogma of Evolution," Princeton : Princeton University Press. (1925)

D. M. S. 왓슨 : 유명한 영국의 생물학자인 왓슨(D. M. S. Watson)도 오래 전에 이 문제에 대해 솔직하게 피력한 바 있다.

진화론이 보편적으로 받아들여지고 있는 것은 논리적으로 일관된 증거에 의해 진화의 사실이 입증될 수 있기 때문이 아니라, 유일한 다른 이론인 특별 창조를 믿을 수 없기 때문이다.

- D. M. S. Watson, "Adaptation", Nature Vol.123. (1929) p.233

아서 키스 : 진화론의 많은 조작 사건 중 으뜸으로 꼽히는 '필트다운인 조작 사건'을 주도한 영국 변호사 찰스 도슨의 강력한 지원자였던 아서 키스(A. Keith)경도 다음과 같이 밝힌 바 있다.

▶ 아서 키스

진화론은 입증되지 않았고 또 입증할 수 없다. 우리가 생각조차 할 수 없는 특별 창조가 바로 다른 대안이기 때문에 우리는 진화론을 믿는다.

- Sir Arthur Keith, forward to the 100th anniversary edition of Darwin's book, Origin of Species. (1959)

해럴드 유레이 : 밀러의 실험, 즉 지구의 생명체가 시작된 상황을 설정한 실험은 스탠리 밀러와 그의 스승 헤럴드 유레이 박사가 진행했다. 유레이는 노벨상 수상자. 진화론자인 그는 생명의 복잡성을 인정하며, 자연발생과 진화가 하나의 신앙적 교리임을 시인했다.

생명의 근원에 대해 우리 모두가 연구하면 할수록 어디에서나 진화가 이루어지기에는 생명체가 너무 복잡하다는 것을 느끼게 된다.……그러나 우리는 믿음의 교리로서 생명체가 이 지구상의 생명이 없는 물질에서부터 진화되었다고 생각하고 있지만, 그 복잡성은 너무나 커서 진화가 이루어졌다고 상상하기 힘들 정도이다.

- Harold C. Urey, Christian Science Monitor. (1962. 1. 4)

사명선언문

너희가 흠이 없고 순전하여……세상에서 그들 가운데 빛들로
나타내며 생명의 말씀을 밝혀 _ 빌 2:15-16

1. 생명을 담겠습니다
만드는 책에 주님 주신 생명을 담겠습니다.
그 책으로 복음을 선포하겠습니다.

2. 말씀을 밝히겠습니다
생명의 근본은 말씀입니다.
말씀을 밝혀 성도와 교회의 성장을 돕겠습니다.

3. 빛이 되겠습니다
시대와 영혼의 어두움을 밝혀 주님 앞으로 이끄는
빛이 되는 책을 만들겠습니다.

4. 순전히 행하겠습니다
책을 만들고 전하는 일과 경영하는 일에 부끄러움이 없는
정직함으로 행하겠습니다.

5. 끝까지 전파하겠습니다
모든 사람에게, 땅 끝까지, 주님 오시는 그날까지
복음을 전하는 사명을 다하겠습니다.

서점 안내

광화문점 종로구 신문로 1가 58-1 구세군 회관 2층 (110-061)
Tel 02)737-2288 | Fax 02)737-4623

강 남 점 서초구 잠원동 75-19 반포쇼핑타운 3동 2층 전관 (137-909)
Tel 02) 595-1211 | Fax 02) 595-3549

구 로 점 구로구 구로 3동 1123-1 3층 (152-880)
Tel 02) 858-8744 | Fax 02) 838-0653

노 원 점 노원구 상계동 749-4 삼봉빌딩 지하1층 (139-200)
Tel 02) 938-7979 | Fax 02) 3391-6169

분 당 점 경기도 성남시 분당구 서현동 273-1 대현빌딩 3층 (463-824)
Tel 031) 707-5566 | Fax 031) 707-4999

신 촌 점 마포구 노고산동 107-1 동인빌딩 8층 (121-806)
Tel 02) 702-1411 | Fax 02) 702-1131

일 산 점 경기도 고양시 일산구 주엽동 83번지 레이크타운 지하 1층 (411-370)
Tel 031) 916-8787 | Fax 031) 916-8788

의정부점 경기도 의정부시 금오동 470-4 성산타워 3층 (484-010)
Tel 031) 845-0600 | Fax 031) 852-6930

인터넷서점 www.lifebook.co.kr